Heinz Gstrein
Jüdisches Wien

Heinz Gstrein

Jüdisches Wien

Herold Wien · München

Der Herold Verlag dankt Herrn Prof. Bruno Frei für die freundliche Erteilung der Abdruck-
genehmigung für Texte in dem Kapitel „Jüdisches Elend in Wien" sowie Herrn Kommerzialrat
Max Berger und der Zeitschrift „Jüdisches Echo", Wien, für die Zitate im Kapitel „Wien, mit
jüdischen Augen gesehen" (Brief von Friedrich Torberg aus Bd. 30, 1981, S. 79 f., Bericht
von Josef Hans Speer aus Bd. 29, 1980, S. 18). Der Abdruck des Briefes von Friedrich
Torberg erfolgt mit freundlicher Zustimmung von Frau Marietta Torberg.

CIP-Kurztitelaufnahme der Deutschen Bibliothek

Gstrein, Heinz:
Jüdisches Wien / Heinz Gstrein. — Wien; München: Herold, 1984.
ISBN 3-7008-0264-1

Graphische Gestaltung: Atelier Grieder-Bednarik
Druck: Herold, Wien 8

ISBN 3-7008-0264-1

Inhalt

Vorwort

Das jüdische Wien gehörte und gehört so untrennbar wie kaum eine andere
Zutat aus donauländischer Nachbarschaft und weiter Welt zum Wesen und
Liebreiz der Wienerstadt. Wenn um 1900 Prälat Joseph Scheicher noch
von einem „judenreinen" Wien träumte, so hat die makabre Verwirklichung seiner Vision zwischen 1938 und 1945 wenigstens gelehrt, daß Wien
ohne seine Juden eben nicht mehr Österreich ist. Von Anfang an dürfte es
mehr als ein geschichtlicher Zufall sein, daß es ausgerechnet der Juden-
freund Albrecht II. war, von dem erstmals Österreichs Eigenart am Rande
des Römisch-Deutschen Reichs und seine multinationale Brückenrolle nach
dem Osten und Mittelmeerraum unterstrichen wurde. In der Folge hat sich
dann, schwere Rückschläge unbestritten, die österreichisch-jüdische Kul-
turgemeinschaft gerade in Wien zu einer solchen Blüte entwickelt, daß
Österreich im Spätmittelalter „Judaeis apta, der Juden verhaissen und
gesegnet lant" genannt war. Ein jüdisches Gegenstück zu Grillparzers Lob
auf Österreich in „König Ottokars Glück und Ende" findet sich dann im
19. Jahrhundert der Wiener Emanzipation bei Salomon Hermann von
Mosenthal:

Das Land, das seinen Boden mit uns teilt,
Das Land, das seine Sprache mit uns redet,
Das Land, das unsrer Kinder Wiegen schützt,
Ist unsre Heimat...

Kein Wunder, daß gerade im Herzen von Österreich, in Wien, das Jüdische
unauftrennbar mit allem Wienerischen verwoben ist. Man braucht dazu
nicht in die Synagogen zu gehen, denke nur an die Nationalbibliothek oder
an die Karlskirche, die Wien nicht schmückten, ohne daß Markus und
Mayr Hirschel ihre Errichtung mitfinanziert hätten. Die überall geschätzte
Wiener Küche ist so jüdisch, daß ihre Gerichte einfach koscher zubereitet
werden müssen, um ohne jede Abänderung das „Complete International
Jewish Cookbook" zu füllen. Und kein deutsches Lokalidiom ist so reich
an Hebraismen wie das Wienerische. Was alles nicht darüber hinwegtäu-
schen darf, daß ausgerechnet Wien zu einer der Brutstätten des modernen
Antisemitismus geworden ist.
Der Bedeutung seiner Juden für Wien entspricht umgekehrt die historische
und entscheidende zeitgeschichtliche Rolle der Donaustadt für das zer-
streute Judentum des Gallut als eines seiner wichtigsten religiösen und geistigen Zentren wie für die heutige Rückkehrbewegung der Aliya nach Erez
Israel: Für jeden Juden ist Wien in erster Linie zur Stadt von Herzl und
dem Zionismus geworden. Umgekehrt wäre das jüdische Leben der Gegen-

wart, das der wienerisch-jüdischen Tradition eine neue Zukunft verspricht, ohne den Rückhalt in Jerusalem kaum möglich.

Angesichts einer solchen Fülle von Namen, Material und Unterlagen kann diese räumlich begrenzte Veröffentlichung keinen Anspruch auf Vollständigkeit erheben. Es ist ihre Aufgabe, die großen Zusammenhänge aufzuzeigen, auf bisher Unbekanntes hinzuweisen oder Vergessenes in Erinnerung zu rufen.

So will diese Arbeit sowohl ein österreichisches wie ein jüdisches, eben ein Wiener Buch sein. Ein Buch eher wehmütiger Erinnerung für jene, denen dies Herz von Österreich einmal Heimat war, und ein Buch der Besinnung für alle Österreicher. Ein Führer durch das jüdische Wien von einst und heute, ob ihn nun Gäste aus Israel und der Diaspora, österreichische Besucher der Bundeshauptstadt oder eben Wienerinnen und Wiener in die Hand nehmen, sowie jeder, der in der Wienerstadt willkommen ist.

Wien, Rosch Haschanah 5745/September 1984   Heinz Gstrein

2000 Jahre Juden in Wien

Die ersten Juden dürften mit den Römern ins damalige Kastell Vindobona gekommen sein.

Der jüdische Anteil am Donauverkehr und -handel blieb während des ganzen ersten Jahrtausends unserer Zeitrechnung bedeutend. Die Produkte des slawischen Ostens wurden nach Mautern bei Krems gebracht, um von dort über Donau, Main, Rhein, Mosel und Marne bis nach Westeuropa verschifft zu werden. Die sogenannte „Zollordnung von Raffelstätten" aus dem Jahr 906 spricht von „Juden und anderen Kaufleuten" und erwähnt auch mehrere Zollstätten donauabwärts, darunter eine im Raum des heutigen Wien.

Bei der intensiven Kolonisierung des späteren Niederösterreich durch die Babenberger zwischen 1000 und 1150 brauchte man auch ein Handel treibendes und kapitalkräftiges Bürgertum und förderte daher bewußt die Ansiedlung von Juden. Der erste in Wien namentlich bekannte Jude (erwähnt in Urkunden der Jahre 1194 und 1196) war der Münzmeister Herzog Leopolds V., *Schlomo*. Er wurde von dem Babenberger nach Wien gerufen, um die 50.000 Mark Silber, die als Lösegeld für König Richard Löwenherz entrichtet worden waren, als Geldstücke auszuprägen. Schlomo wurde so zum Begründer der alten Münzstätte „Am Hof". Aus seinen vier Häusern und der Synagoge entstand gleich neben der Babenberger-Residenz das erste Judenviertel von Wien um den heutigen Judenplatz. Schon 1196 kam es hier zu den ersten antisemitischen Ausschreitungen, als durchziehende Kreuzfahrer 16 Wiener Juden, unter ihnen Schlomo, ermordeten. Mit den anderen Wienern gab es hingegen noch keine Probleme: Die ersten Rabbiner, Tobias und Jonathan, erfreuten sich einer allgemein geachteten Stellung. Im 13. Jahrhundert wurde es üblich, Wiener Juden als Berater am benachbarten Hof heranzuziehen. Am bekanntesten ist der aus Ungarn stammende Teka, der 1225 den Ausgleich zwischen Leopold VI. und König Andreas II. von Ungarn zustande brachte. Kein Wunder, daß Kaiser Friedrich II., der sich in der Auseinandersetzung mit seinem Namensvetter Herzog Friedrich II. 1237 in Wien festsetzte, bei dessen Erhebung zur reichsunmittelbaren Stadt gegen die von den Babenbergern geschätzten Juden vorging: Das neue Stadtrecht verfügte den Ausschluß der Juden von allen öffentlichen Ämtern.

Herzog Friedrich II. der Streitbare widerrief schon 1244 diesen Ämterausschluß, nachdem auch der Kaiser den Wiener Juden 1238 von Brescia aus ein wesentlich großzügigeres „Privileg" eingeräumt hatte. Die „Judenordnung" des Babenbergers war dann überhaupt die toleranteste und einsichtigste Minderheitenregelung des deutschen Mittelalters. Sie erlangte für die

9

Weiterentwicklung des gesamten ostmittel- und osteuropäischen Judentums beispielhafte Bedeutung. Přemysl Otakar II. bekräftigte sie 1254, 1255 und 1268 und erweiterte die Schutzbestimmungen für die Wiener Juden um das Verbot der „Blutbeschuldigung". Auch nach dem Ende der böhmischen Herrschaft über Wien wurde das „Privileg" durch Rudolf von Habsburg bestätigt. Es sah die Todesstrafe für die Ermordung von Juden und die Schändung ihrer Friedhöfe vor.

Unter diesen Bedingungen war es möglich, daß sich Wien im 13. Jahrhundert zu einem der geistigen Zentren des damaligen Judentums entwickelte. Diese Bedeutung ist mit dem Namen von Rabbi *Isaak ben Moses* verknüpft, der nach seinem Hauptwerk den Beinamen „Or Sarua" (Saat des Lichtes) erhielt. Rabbi Isaak war ein Schüler der berühmten Talmudschulen von Speyer, Worms, Paris und Prag. Sein mit Kommentar versehener Ritualkodex „Or Sarua" ist ein wichtiges Quellenwerk für die Überlieferung des — sonst zugunsten des babylonischen verdrängten — Talmuds von Jerusalem. Seine Schule wirkte in den zwei folgenden Jahrhunderten sowohl an der berühmten Talmud-Lehranstalt in Wiener Neustadt wie durch Rabbi Isaaks Schüler Meir ben Baruch von Rothenburg fort.

Vom Judenplatz in die Leopoldstadt

Zum Ende dieser verhältnismäßig glücklichen und friedlichen Zeit am Anfang des 14. Jahrhunderts umfaßte das „Jüdische Wien" im Schatten der herzoglichen Burg an die 70 meist zweistöckige Häuser. Sie wurden von jeweils ein bis zwei Familien bewohnt. Das alte Judenviertel der Inneren Stadt zählte fünf Straßen. Ihre bedeutendste war die heutige Wipplinger-straße. Der Friedhof der Wiener Juden lag damals vor dem Kärntnertor. Die schrittweise Verschlechterung in der Lage der von Babenbergern, Přemysl Otakar und Rudolf von Habsburg geförderten Wiener Juden begann schon mit dem „Wiener Konzil" von 1267. Von diesem wurden der Landesfürst und seine Richter mit der Exkommunikation bedroht, falls sie den judenfeindlichen Bestimmungen des Vierten Laterankonzils aus dem Jahr 1215 nicht endlich auch in der Kirchenprovinz Salzburg Geltung ver-schafften. So kamen der gehörnte Judenhut, das Liebesverbot zwischen Christen und Juden oder ihr Hausarrest in der Karwoche und an anderen christlichen Festtagen auch nach Wien, wo sie sich bis zu den Reformen Kaiser Josephs II. 1782 erhielten.

In der Folge verschlechterte sich nicht nur die Haltung der Amtskirche, sondern auch der christlichen Bevölkerung den Juden gegenüber. So wird in einem Wiener Stadtrechtsbuch des 14. Jahrhunderts die Begünstigung von Juden in Zivilprozessen mit Christen behauptet. Das entsprach nun ganz und gar nicht den Tatsachen, wurde aber der zunehmend antisemiti-schen Volksstimmung gerecht.

Für die Regierenden wurden die so immer mehr auf ihren Schutz angewie-senen Juden zu besonders günstigen Steuerobjekten. Die allgemeine Kopf-steuer für Juden, die 1342 durch Ludwig den Bayern als „Goldener Opfer-pfennig" im Reich eingeführt wurde, hatte ihr Vorbild ebenfalls in Wien. Hier hat Friedrich der Schöne (1306 bis 1330) eine generelle Judensteuer schon seit 1314 eingehoben.

Albrecht I. versuchte sich der Verschlechterung des Loses der Wiener und niederösterreichischen Juden und der aus Franken und Bayern übergrei-fenden Verfolgungswelle noch entgegenzustellen. Albrecht II. konnte 1338 nach dem Vorwurf der Hostienschändung von Pulkau die Juden Wiens nur mit Mühe vor dem Schicksal ihrer Glaubensgenossen in Retz, Horn, Eggenburg und Zwettl schützen. Sie mußten sich dafür zu einer Herabset-zung ihrer Kreditzinsen verpflichten.

Während der durch die „Große Pest" von 1348 bis 1350 ausgelösten Juden-verfolgung im ganzen Reich vermochte Albrecht II. „seine" Juden in Wien nur mehr mit Waffengewalt durch eine besondere Söldnertruppe und strengste Bestrafung des Judenmordes in Krems zu retten, was eine abschreckende, aber ebenso judenfeindliche Wirkung hatte: In zeitgenössischen Chroniken, zum Beispiel in Zwettl, wird Albrechts II. unter dem Beinamen „Judenknecht" gedacht.

Unter seinen Nachfolgern wurde es üblich, Juden samt ihren Familien an andere Dynasten zu verschenken. Rudolf IV. machte Wiener Juden südsteirischen Grafen zum Geschenk. Als jedoch dort und in Kärnten zum Ende des 14. Jahrhunderts die „Judenhauer" unterwegs waren, als Knittelfeld seinen traurigen Namen von den mit Knütteln erschlagenen Bewohnern von Judenburg erhielt, bot Wien immer noch den Überlebenden sichere Zuflucht.

Doch schon stand die erste große Tragödie der Wiener Juden bevor. Sie hatten es bisher, den zunehmenden Schwierigkeiten zum Trotz, verstanden, das Leben und die Bedeutung ihrer Gemeinde auf der früheren Höhe zu halten. Die Wiener Talmud-Schule erlebte unter dem berühmten Rabbi Abraham Klausner (1350 bis 1408) ihre letzte mittelalterliche Blüte. Von ihr wurden Rabbi Meir ben Baruch-Halevi aus Erfurt und der Grieche Rabbi Dossa Hajewani aus Vidin im heutigen Bulgarien nach Wien gezogen.

Im Krisenjahr 1420, als Erzherzog Albrecht V. bis Wien schwärmende Hussitenbanden ebenso zusetzten wie seine chronische Geldnot, machte der skrupellose Herrscher die Juden zu Sündenböcken für die verzweifelte politisch-militärische Lage und zu einträglichen Ausbeutungsobjekten für seine leeren Kassen. Wir sind über sein Vorgehen in Wien besser als über andere Judenverfolgungen informiert, weil in der „Wiener Geserah" eine detaillierte jüdische Quelle dazu erhalten blieb.

Von den damals etwa 800 Wiener Juden war die Mehrzahl arm — was von Anfang an das Lügenmärchen vom „reichen Juden" widerlegt. Sie wurden aus der „Judenstadt" ans Donauufer getrieben und dort auf viel zu kleine Schiffe gepfercht. Zu ihrem Glück nahm sie schon nach kurzer Fahrt König Sigmund von Ungarn freundlich auf.

Viel schlimmer erging es jenen, auf deren Vermögen es der Erzherzog abgesehen hatte. An die zweihundert Juden wurden eingekerkert und ihr Besitz eingezogen. Auch ihre Schuldner wurden sofort von der Finanzverwaltung zur Kassa gebeten. Man konnte die Verfolgung daher nicht als einen Schritt zur „Schuldnerbefreiung von der jüdischen Zinsknechtschaft" hinstellen, suchte nach einer anderen Begründung. Gefunden wurde sie nach langem Suchen erst, als bereits die Scheiterhaufen von Wiens vermögenden Juden brannten: Auf der Folter — die hauptsächlich zum Aufspüren versteckter Schätze brutal angewendet worden war — sollten sie ihre Beteiligung an der angeblichen Linzer Hostienschändung gestanden haben. Ein Fall, der schon mehrere Jahre zurücklag. So wurde die Erdberger Lände zum Schauplatz der ersten Massenvernichtung von Juden in Wien. Trotz Drohungen

Der Wiener Judenplatz im Mittelalter
Modell im Österreichischen Jüdischen Museum in Eisenstadt

und Versprechungen hatten sie sich standhaft geweigert, sich durch die Taufe zu retten.

Darauf blieb Wien für längere Zeit „judenrein". Erst Kaiser Maximilian I. (1493 bis 1519), der sonst die Juden „unwiderruflich" aus der Steiermark, Kärnten und Krain vertrieb, duldete in Wien wieder einen gewissen „Hirschl" mit der Begründung, „dieweil man ihm viel schuldig ist". Fremde Juden auf der Durchreise mußten nach einer Verordnung desselben Kaisers während der Anwesenheit in Wien den (gelben) „Flecken" tragen. Dasselbe galt für die niederösterreichischen Juden, wenn sie die Wiener Märkte besuchten. So ganz ohne Juden ging es also doch nicht. Bereits 1536 wurde wieder eine Judenordnung für den vorübergehenden Aufenthalt von einheimischen und fremden Juden in Wien erlassen. Daß dieses „vorübergehend" ein recht dehnbarer Begriff war, zeigt das Anlegen eines jüdischen Friedhofs in der Roßau. Er hat sich bis heute erhalten und kann hinter dem Neubau des ehemaligen jüdischen Spitals und Altersheims in der Seegasse besucht werden. Seine ältesten Grabsteine stammen aus dem Jahr 1560.

Bald danach bahnte sich eine Ausnahmeregelung für die Juden in Wien an, während das generelle Judenverbot in allen habsburgischen Erblanden theoretisch bis Ende des 18. Jahrhunderts in Kraft blieb. Aus Einzelprivilegien für Wiener Juden entwickelte sich die Institution der „Hofbefreiten Judenschaft" als Gruppenrecht. Unter Maximilian II. waren in Wien 1571 schon wieder sieben jüdische Familien ansässig. Sie waren nicht der Stadtverwaltung, sondern direkt der Hofkammer unterstellt und durften daher auch nach Belieben in der Stadt wohnen. Ihre Zahl vermehrte sich unter Rudolf II. (1576 bis 1612), so daß wir wieder von einer regelrechten Gemeinde sprechen können. 1601 gab es zwei Synagogen, die „beiden befreydten Schulen", und 1603 wurde Veit Munk zum Vorsteher „der ganzen von uns befreydten Judenschaft" ernannt.

Seine erste Blüte erreichte das Wiener Hofjudentum unter Ferdinand II. Wirtschaftliche Grundlage dafür wurde die Neuverleihung des alten Münzrechts im Jahr 1620, die 1624 in der Ernennung von Israel Wolf Auerbach zum Vorstand des Wiener Münzkonsortiums gipfelte. Die wirtschaftliche Bedeutung des jüdischen Wien unter Ferdinand II. zeigte sich auch darin, daß es neben den laufenden Schutzgeldern, Mautgebühren und Steuern an „außerordentlichen Kontributionen" während des Dreißigjährigen Krieges zwischen 1619 und 1632 fast jedes Jahr zwischen 10.000 und 20.000 Gulden aufbrachte. Ohne die Wiener Juden hätte der Kaiser den Krieg sehr bald verloren gehabt.

Wie sehr Ferdinands liberale Judenpolitik von seinen finanziellen Rücksichten und kaum von echtem Wohlwollen bestimmt war, zeigt die Verknüpfung der von ihm 1624, 1625 und 1632 den Wiener Juden gewährten

Wiens ältester erhaltener jüdischer Friedhof in der Roßau
9. Bezirk, Seegasse 9

Privilegien und Patente mit ihrer Einweisung in ein regelrechtes Ghetto. War Wiens mittelalterliche Judenstadt natürlich entstanden und wurden die Juden in ihr nicht bei Nacht und an christlichen Feiertagen eingesperrt, so nahm sich der Kaiser jetzt die 1516 beziehungsweise 1555 entstandenen berüchtigten Ghettos von Venedig und Rom zum Vorbild, als er dem Hofkriegsrat 1624 den Auftrag erteilte, einen Ort zu finden, wohin die Juden „möchten hintransferiert werden". Man kam rasch zu einer Entscheidung für den Unteren Werd. Dort lag ein Gut des Bürgerspitals mit einer kleinen Fischersiedlung. Als erstes mußten die Wiener Juden selbst die Mauer ihres Ghettos errichten. Sie kauften dann 14 Fischerhäuser und weiteren Baugrund. Die ganze Umsiedlung in die spätere Leopoldstadt war für sie ein schlechtes Geschäft, da sie alle Kosten zu tragen hatten und außerdem ihre gut eingeführten Geschäfte verlieren sollten. Der Kaiser gestattete ihnen daher nachträglich, ihre Waren in der Inneren Stadt weiter zu verkaufen. Wohnen mußten sie allerdings ausnahmslos in der „neuen" Judenstadt. Diese erhielt allerdings nach dem Vorbild von Prag ihre eigene Zivilgerichtsbarkeit.

Bei aller Einengung im Vergleich zum jüdischen Wien unter den Babenbergern und frühen Habsburgern konnten die Wiener Juden innerhalb der Ghetto-Mauern nach langem wieder leben wie in einem kleinen jüdischen Staat. Bei der theokratischen Konzeption des Judentums führte das zu einer für die nur 50 Jahre des Bestehens der Gemeinde am Unteren Werd erstaunlichen religiösen und kulturellen Regsamkeit. Als erster Rabbiner wurde Jomtow Lipman Heller (1579 bis 1654) aus Prag berufen. Ein Schüler des Hohen Rabbi Löw von Prag, der hier wie später in Krakau zahlreiche Kommentar-Werke verfaßt hat. 1635 verstarb in der „Judenstadt" der jüdische Humanist Leo Lucerna, ein gesuchter Arzt bei den oberen Zehntausend von ganz Wien. Der fromme und gelehrte Zachariah Levi erneuerte die Tradition der alten Wiener Talmud-Schule an dem von ihm gestifteten Lehrhaus. Um 1660 standen am Unteren Werd drei Synagogen mit je einer Schule, ein großes Spital und das Gemeindehaus. In diesem führten fünf Richter, zwei Beisitzer, sechs rabbinische Juristen und drei Rechnungsbeamte die „Stadtverwaltung". Auf ihre Initiative geht die erste Straßenreinigung und Müllabfuhr auf Wiener Boden zurück. Im christlichen Wien war man damals noch nicht so reinlich.

Das Leopoldstädter Ghetto, das ursprünglich den hofbefreiten Juden der Innenstadt zugewiesen worden war, ermöglichte wieder eine breitere Einwanderung. Vor allem waren es Familien aus der polnischen Ukraine, die hier vor den Kosakenpogromen Zuflucht suchten. Sie brachten die geistigen Strömungen der lurianischen Kabbala an die streng traditionalistische Talmud-Schule mit. Auf Wiener Boden kam es dadurch nicht zu den sonst üblichen Spaltungen und Kontroversen. Die Einheit von Lehre und

Gemeinde blieb — wie später im 19. und 20. Jahrhundert trotz aller Belastungsproben — gewahrt. Wiens Funktion als Mittlerin zwischen west- und osteuropäischem Judentum hatte ihren Anfang genommen.

Hatten die Geldnöte der Kaiser während der ersten Türkenkriege des 16. Jahrhunderts und später der Dreißigjährige Krieg die Rückkehr der Juden nach und ihre zweite Blüte in Wien wesentlich mitbegünstigt, so machte die neuerliche Auseinandersetzung mit dem vordringenden Islam im Vorfeld der großen Türkenbelagerung von 1683 den Juden der Leopoldstadt auch wieder den Garaus. Die ständigen Hetzpredigten gegen die Juden, bei denen sich auch ein sonst verdienter Abraham a Sancta Clara hervortat, machten sie zu Prügelknaben anstelle der vor der großen Wende bei Wien nicht greifbaren Muselmänner. Ein Effekt, der sich schon bei den Kreuzzügen verheerend bemerkbar gemacht hatte.

Vorzeichen einer neuen Judennot in Wien wurden schon unter Ferdinand III. sichtbar. Nur mit Ach und Krach bestätigte er zunächst die von seinem Vater eingeräumten Privilegien. Schon bald darauf gab er dem Drängen der Wiener Ratsväter nach und unterstellte die Verwaltung des bisher autonomen Ghettos dem Magistrat. Außerdem wurden den Juden ihre Handelsrechte in der Innenstadt genommen. Als derselbe Kaiser nach ein paar Jahren den alten Zustand wiederherstellte, begann von seiten der „christlichen" Wiener eine Hetz- und Verleumdungskampagne, deren Hauptargumente schon in einer Bittschrift der Bürgerschaft bei der Thronbesteigung Ferdinands III. zu finden waren. Hier ist in christlicher Verbrämung von Hostienschändung und Brunnenvergiftung die Rede, in der Mitte stehen aber klare wirtschaftliche Konkurrenz und soziale Minderwertigkeitskomplexe des Wiener Rates einer Judenstadt gegenüber, in der es keine Arbeitslosen und Bettler gab. Beschimpfungen und Mißhandlungen der Juden wurden zu Kavaliersdelikten der Wiener Spießbürger, an denen bald auch die Studenten begeistert Anteil nahmen.

Mit der Thronbesteigung Leopolds I. 1658 waren wieder einmal die Würfel gegen die Wiener Juden gefallen. Der Kaiser stand unter dem judenfeindlichen Einfluß seiner spanischen Gemahlin, die in ihrem Aberglauben die Juden selbst für ihre Fehlgeburten und Unfälle beim Bau der Hofburg verantwortlich machte. Ein übler Einbläser war ferner Bischof Leopold Kollonitsch von Wiener Neustadt, der einen Kreuzzug gegen die Juden predigte, lange bevor er sich als tapferer Verteidiger von Wien anderweitige Verdienste erwarb. Die Wiener Bürgerschaft bot dem Kaiser an, aus eigenen Mitteln die von den Juden geleisteten 10.000 Gulden Schutzgeld im Jahr aufzubringen. Sie forderte als erste die vollständige Austreibung und regte die Umwandlung des Ghettos in eine „landesfürstliche, fröhliche Leopoldstadt" an.

1669 war es soweit. Eine kaiserliche Untersuchungskommission kam zu dem Ergebnis, daß die Juden nur Schaden und Verderben bringen. Ihre finanziellen Leistungen für Kaiser und Staat seien nur aus dem sauren Schweiß der Christen geschöpft, die dafür um so weniger zum Gemeinwohl beitragen könnten. Obwohl der Päpstliche Nuntius in Wien dagegen auftrat, beschloß der Kaiserliche Rat am Vorabend des Fronleichnamstages 1669, „die Judenschaft wegzuschaffen". Die Frist dafür wurde bis 25. Juli 1670 gestellt.

An die 3000 Wiener Juden wurden von dieser Vertreibung betroffen. Kollonitsch und seine Hetzkumpane triumphierten. Die Ausgewiesenen konnten wenigstens ungehindert emigrieren: Nach Mähren und Böhmen und von dort nach Ungarn. Der direkte Weg dorthin war gesperrt, weil man in Wien fürchtete, die Juden könnten sich dort auf die Seite der wesentlich toleranteren Türken schlagen. Im heutigen Burgenland, wo schon zweihundert Jahre früher die Opfer der Wiener Geserah in den Städten Aufnahme gefunden hatten, nahmen sich die Fürsten Esterházy der Flüchtlinge an. Auf ihren Herrschaften entstanden so die jüdischen „Siebengemeinden" Eisenstadt, Mattersburg, Kobersdorf, Lackenbach, Deutschkreutz, Frauenkirchen und Kittsee. Andere Auswanderer zogen ins Kurfürstentum Brandenburg und gründeten die jüdische Gemeinde von Berlin.

In Wien ging die allerchristlichste Bürgerschaft unverzüglich daran, in der zu Ehren Leopolds umbenannten Judenstadt jede jüdische Spur auszulöschen. Die Hauptsynagoge wurde schon im Sommer 1670 in die Kirche umgewandelt, die sich heute an ihrem Platz in der Großen Pfarrgasse erhebt. Erhalten blieb nur der Friedhof in der Roßau, dessen Erhaltung die Brüder Fränkel vor ihrer Übersiedlung nach Fürth durch ein Legat von 4000 Gulden sichern konnten.

Wien ist seiner Judenreinheit in der Folge aber nicht froh geworden. Wie es schon 1673 in einem Hofkammerbericht heißt, kam es in vielen Gewerbezweigen zu empfindlichen Rückschlägen, „dann bei den Christen und sonderlich den Wienern die Faulheit gar zu groß ist...!"

Hofjuden und „Türken"

Im Namen des Kampfes gegen alle Ungläubigen hatte Kaiser Leopold I. 1669/70 alle Juden aus Wien vertrieben. Je näher dieser Kampf jedoch von den Türken an die Tore und Mauern seiner Residenzstadt herangetragen wurde, desto weniger konnte er ohne Juden auskommen. Schon 1672 beauftragte er den aus der Pfalz stammenden *Samuel Oppenheimer* (1630 bis 1703) mit Lieferungen für das kaiserliche Heer. Es fand sich kein christlicher Geschäftsmann, der bereit gewesen wäre, angesichts der Zahlungsunfähigkeit der Hofkammer den Auftrag zu übernehmen, den Transport zu besorgen und für die Qualität zu haften. Oppenheimer übernahm seinen Lieferanten und Geldgebern gegenüber die volle Haftung und ersann ein kompliziertes, aber effektives System der Zulieferung und Finanzierung, das die erfolgreiche Verteidigung Wiens im Türkenjahr 1683 überhaupt erst ermöglichte. 1677 machte Leopold I. Oppenheimer zu seinem „Kriegsfaktor", das heißt zum Generallieferanten seiner Armeen. In dieser Funktion ließ es sich der Finanzmann auf die Dauer auch nicht verwehren, 1679 im allen anderen Juden verbotenen Wien mit einer Rechnung über 200.000 Gulden bei der Hofkammer aufzutauchen. Der Ausweg aus dem Dilemma war eine typisch österreichische Lösung: Der Kaiser erhielt Zahlungsaufschub und Oppenheimer durfte in Wien bleiben. Begründet wurde diese Ausnahmeregelung vom allgemeinen Judenverbot mit einem alten Schutzprivileg Kaiser Ferdinands II., der den Oppenheimers im ganzen Reich den Aufenthalt und Handel gestattet hatte.

Das Wiener Kontor Samuel Oppenheimers wurde dem Kaiser und seinen Mitarbeitern immer unentbehrlicher. 1682 übernahm es das gesamte Proviantwesen des Reiches. Für den Transport organisierte Oppenheimer eine eigene Donauflotte. Dem Kaiser war das alles aber noch zuwenig: Am Neujahrstag 1683, als Kara Mustafa bereits zum Zug gegen Wien rüstete, ließ er seinen „Faktor" verhaften, um noch mehr Geld aus ihm herauszupressen. Leopold half aber kein Oppenheimer im Gefängnis mehr, als das Entsatzheer für Wien bei Linz wegen Proviantmangel ins Stocken geriet. Auf freiem Fuß brachte der „Hofjude" die rettenden 100.000 Zentner Mehl gerade noch rechtzeitig auf.

Nach dem Sieg über die Türken erhielt Oppenheimer endlich etwas Bargeld aus den Kriegskontributionen der anderen europäischen Verbündeten. Seine Sorgen mit den kaiserlichen Bedürfnissen und Finanzen wurde er damit nicht los. Je weniger der Krieg kostete, der sich siegreich in den Balkan hinunterzog, desto mehr verschlang die kaiserliche Hofhaltung mit ihrem Bedarf an Delikatessen, teuren Stoffen und kostbaren Juwelen. Die Wiener, die aus der Türkennot in die Bedrängnis durch den Fiskus geraten waren, machten „den Juden" für den aus ihrem Schweiß gepreßten Glanz des Habsburger-Hofes verantwortlich: Am 21. Juni 1700 wurde das Oppenheimer-Kontor von Haufen Volks gestürmt und verwüstet. Der Bankier überlebte diesen Vandalismus nicht mehr lange. Als er 1703 starb, stellte sich heraus, daß er Österreichs Finanzwesen mit fünf Millionen Gulden gedeckt hatte, dafür aber selbst bei einer Vielzahl von Gläubigern in Kreide stand. Zu ihrer Abgeltung mußte ein eigenes Finanzinstitut gegründet werden, der „Banco del Giro". Noch vor seinem Tod hatte Oppenheimer *Samson Wertheimer* (1658 bis 1724) zu seinem „Bestellten" in Wien gemacht, der dann auch das Finanzhaus weiterführte. Es gelang ihm, sich von der einseitigen Bindung an ärarische Geschäfte für Kaiser und Staat zu lösen und ein unabhängiges Bank- und Finanzwesen aufzuziehen. Noch zu Lebzeiten Kaiser Leopolds verstand er es als Vertreter Oppenheimers, das Vertrauen des Monarchen und dessen persönliche Sympathie zu erringen, das seinen Ausdruck in einer goldenen Gnadenkette fand. Im Wiener Volksmund hieß er schlechthin „der Judenkaiser". Wertheimer, der ein Allroundgenie und dazu ein tief religiöser Mensch war, erwarb sich bleibende Verdienste um die Neubelebung jüdischer Frömmigkeit und Gelehrsamkeit. Zentrum dieser Aktivitäten konnte allerdings noch nicht Wien sein. Er verlegte seine religiöse und kulturelle Wirksamkeit nach Eisenstadt, wo er zum Rabbiner bestellt worden war, richtete dort das „Wertheimersche Freihaus" ein. In ihm befindet sich heute nicht zufällig das „Österreichische Jüdische Museum". Seine späteren Ämter als „Privilegierter Rabbiner der gesamten Judenschaft in den kaiserlichen Königreichen und Landen" und Landesrabbiner von Ungarn waren für Wertheimer alles andere als Ehrentitel. In die Geschichte der Rabbinistik ist der Bankier, der sich in seiner Jugend auf eine geistliche Laufbahn vorbereitet hatte, als Prediger und Verfasser agadischer Gutachten eingegangen. Auch seinen Ehrentitel „Fürst des Landes Israel" faßte Wertheimer sehr konkret auf. Er ordnete das Spendenwesen aller Juden des Reiches für die jüdischen Heiligtümer von Jerusalem und Palästina und errichtete in seinem Testament die „Hierosolymitanische Stiftung" für die aschkenasischen Juden im Heiligen Land, deren „Aliya" damals mit einer Welle messianischer Erwartung einsetzte. So wurde Wertheimer zum Begründer der neuen Beziehung zwischen Wien und dem Erez Israel. Später konnte Herzl daran anknüpfen. Umgekehrt kamen damals wieder orientalische Juden nach Wien. Nach den Bestimmungen des Friedens von Passarowitz, der Österreich das Banat und vorübergehend auch Nordserbien und die Kleine Walachei einbrachte, waren ab 1718 sefardische Untertanen des Sultans in Wien von dem Aufenthaltsverbot Leopolds I. ausgenommen. Sie durften sich sogar in einer Gemeinde organisieren, was den Hofjuden verboten blieb, obgleich auch ihre Zahl zunahm.

Der Wiener „Hofjude" und Rabbiner Samson Wertheimer
mit der ihm von Kaiser Leopold I. verliehenen goldenen Gnadenkette

Von den Hofjuden kam zunächst die Familie Arnsteiner durch Samuel Wertheimer nach Wien. Seine Söhne und Töchter sowie die Nachkommen Oppenheimers heirateten in andere namhafte jüdische Familien aus dem Reich ein. Auf diese Weise kamen unter anderem die Sinzheim und Drach, Brüll, Gomperz und Hirschel, Schlesinger, Spitz oder Eskeles in die Donaustadt.

Ihre Anwesenheit blieb jedoch eine „Ausnahmeregelung". Dank Vermögen und Ansehen waren sie im barocken Wien nur geduldet, was man sie bei jeder Gelegenheit spüren ließ. Auf der einen Seite stehen die zwei Millionen Gulden jährlich, mit denen die Handvoll Wiener Judenfamilien an den fünf bis sieben Millionen Gesamt-Staatseinnahmen beteiligt waren. Steht die Spende der Juden Markus und Mayr Hirschel in Höhe von einer Viertelmillion Gulden für den Bau der Karlskirche und der heutigen Nationalbibliothek, der damaligen Hofbibliothek. Auf der anderen Seite wurden bei Verlängerung ihrer Aufenthaltsgenehmigungen regelmäßig hohe Summen von ihnen erpreßt, die sogenannten „Dona gratuita". Im Alltag mußten sie sich außerhalb ihrer vier Wände demütigende Auflagen gefallen lassen. Besonders peinlich und schnüfflerisch wurde das Verbot sexueller Beziehungen zu Nichtjuden überwacht. Typisch für diesen Janus-Kopf der Wiener Judenpolitik war noch Maria Theresia. Sie klassifizierte die Juden wörtlich als „Ich kenne keine ärgere Pest für den Staat als diese Nation, wegen Betrug, Wucher und Geldvertragen, Leut in Bettelstand zu bringen, alle üble Handlungen ausüben, die ein anderer ehrlicher Mann verabscheute...". Von dem sefardischen Juden Diego d'Aguilar lieh sie hingegen 300.000 Gulden für den Ausbau ihres Lieblingsschlosses Schönbrunn.

Aguilar ist neben Oppenheimer und Wertheimer der bekannteste Wiener „Hofjude". Er stammte aus einer spanischen Marannenfamilie und erfuhr erst im Alter von 30 Jahren über seine jüdische Herkunft. Er bekannte sich darauf mit seiner Familie in Amsterdam zum jüdischen Glauben und kam 1722 nach Wien. Als Pächter des Staatlichen Tabakmonopols schuf er alle Voraussetzungen für die dann 1784 gegründete und bis heute bestehende „Österreichische Tabakregie". Karl VI. erhob ihn 1726 zum Baron, Maria Theresia ernannte ihn zum Geheimrat der Krone der Niederlande und Italiens. Als solcher konnte er eine von der Kaiserin beabsichtigte Vertreibung der „türkischen" Juden aus Wien verhindern. Als er sah, daß es ihm nicht gelingen würde, die Kaiserin direkt zu beeinflussen, entsandte er einen Boten zu dem mit ihm befreundeten Vorsteher der sefardischen Gemeinde in Temesvár. Dieser wiederum schickte einen Geheimboten nach Konstantinopel. Darauf ließ der Sultan Maria Theresia wissen, daß er eine Vertreibung der Wiener Juden mit einer Ausweisung aller im Osmanischen Reich wohnenden Christen österreichischer Staatsbürgerschaft beantworten würde. Eine Episode, die nicht ins Bild von Habsburg als dem Vorkämpfer

לוראה את השם הנכבד והנורא

Die Synagoge der türkisch-sefardischen Gemeinde
2. Bezirk, Zirkusgasse
Aufnahme vor der Zerstörung durch die Nationalsozialisten

23

von Abendland und Menschlichkeit gegen den „türkisch-islamischen Fana-
tismus" paßt und daher in die Vergessenheit gedrängt wurde.
Moses Diego d'Aguilar ist Begründer der türkisch-jüdischen Gemeinde in
Wien, die später zur bedeutendsten eigenständigen Gemeinschaft neben
beziehungsweise innerhalb der allgemeinen Kultusgemeinde werden sollte.
In ihrer Synagoge in der Zirkusgasse wurde bis zum Untergang durch den
Nationalsozialismus jährlich am Versöhnungstag ein Gebet für Aguilar
verrichtet.
Während seine Eltern auf dem Roßauer Friedhof beigesetzt sind, verließ
Aguilar Wien wegen der hohen „Toleranzsteuer" von 2000 Gulden und ließ
sich in London nieder, wo er 1759 verstarb.
Sechs Jahre zuvor hat Maria Theresia, nachdem ihr die völlige Austreibung
der Wiener Juden nicht gelungen war, eine „Ordnung" für die „Hofjuden"
und die „Türken" nach dem Grundsatz erlassen, möglichst wenige Juden
unter maximaler Kontrolle als notwendiges Übel zu dulden. Grundlage
ihrer Existenz waren sachbezogene Privilegien, die den Juden gestatteten,
mit allen jenen Waren Handel zu treiben, die sie vertragsgemäß dem Hof
liefern sollten. Ein eigenes Gerichtswesen wie im Mittelalter und selbst im
Ghetto des Unteren Werd wurde ebenso ausgeschlossen wie der Erwerb
von Grund und Boden. Die Privilegien sollten kurz befristet sein, nach
Ablauf der Aufenthaltsbewilligung drohte automatisch die Ausweisung.
Man forderte dann eine als Kredit deklarierte Zahlung an den Hof als
Gegenleistung für eine Verlängerung oder ein neues Privileg. Charakteristisch für die Praxis nach dieser ersten Judenordnung Maria Theresias ist
das Privileg für Samuel und Löw Leidersdorf aus dem Jahr 1758. Sie
wurden in Wien als Juwelenhändler zugelassen, sicherten sich aber für den
Ausweisungsfall aus Wien ein Handels- und Aufenthaltsprivileg in
Ungarn. Die Brüder hatten aber Glück und gründeten so den Wiener Zweig
der bedeutenden jüdischen Familie Leidersdorf.
Maria Theresias zweite Judenordnung vom 5. Mai 1764 zeigt immer noch
tiefe Vorurteile den Juden gegenüber. Andererseits verrät sie scharfsinnige
Einsicht in die Bedeutung der Juden für die von ihr geförderten neuen
Bereiche des Wirtschaftslebens, die Manufakturen und Kompanien. Das
wies ihnen noch vor dem Toleranzedikt Josephs II. den Weg zur Befreiung
von ihrer Abhängigkeit gegenüber Herrscherbedürfnissen und -launen zu
und zur wirtschaftlichen Vorbereitung der späteren Emanzipation. So
enthalten die Verfügungen der Kaiserin zwar noch alle alten Diskrimini-
rungen: Nur der jüdische Hausvater durfte verheiratet sein, die übrigen
und meist sehr zahlreichen Personen seines Haushalts mußten ledig bleiben. Über diesen Personalstand mußte jedes Vierteljahr Bericht erstattet
werden: Einschränkungen grundlegendster Menschenrechte, wie das
gerade heute wieder Überfremdungsfanatiker zu Lasten der türkischen und

Joseph Freiherr von Sonnenfels, Wortführer der österreichischen Aufklärung
Statue von Hans Gasser
1. Bezirk, Rathausplatz

jugoslawischen Gastarbeiter fordern. Hingegen wurde den Wiener Juden freie Hand gelassen, wo sie „Nützliches für das gemeine Wesen, besonders mittelst Anlegung einiger Fabriken" unternehmen wollten.

Ansonsten war Maria Theresia frei von Rassenvorurteilen. Sobald sich ein Jude taufen ließ, wurde er von der Kaiserin voll akzeptiert. Musterbeispiel dafür ihr Vertrauter, der Hofrat von *Sonnenfels,* über dessen Herkunft als „Nikolsburger Jude" man sonst am Hof weiter die Nase rümpfte. In dieser Hinsicht war Maria Theresia im 18. Jahrhundert Leuten voraus, die noch 1933 wie ein Pater Dr. Wilhelm Schmidt auf einer Führertagung der Katholischen Aktion verkündeten:

„Wenn ein Jude zur katholischen Kirche mit ganzem Herzen übertritt, hat er zwar den stärksten Grund, der uns von ihm trennt, beseitigt, aber die Nachwirkungen seines Judentums werden durch die Taufe nicht aufgehoben... so daß er wohl zu uns gehört, aber nicht so wie andere Volksgenossen."

Wien — ein neues Jerusalem?

Die „große Zeit" des jüdischen Wien zwischen dem späten 18. und dem frühen 20. Jahrhundert steht im Zeichen von zwei Kaisern, von Joseph II. und Franz Joseph I. Das josephinische „Toleranzpatent" von 1782 war der Anfang einer neuen Geschichte des Wiener Judentums. Schon im Juni 1781 hatte der Kaiser den Ständen seine „allerhöchste Absicht" zur Tolerierung der Juden mitgeteilt. Seine Hauptabsicht war, die Juden dem Staat noch nützlicher zu machen. Dazu kam jedoch das echte aufklärerische Anliegen, die von der Kirche bewahrten Vorurteile gegen die Juden zu überwinden und ihnen ein besseres Leben zu ermöglichen. Schließlich sah es Joseph II. als Träger des Titels eines „Königs von Jerusalem" als seine besondere Aufgabe an, dem Judentum und seiner Aufklärung, der Haskala, in Wien ein neues Zentrum zu schaffen.

In diesem Sinn wollte sich der Kaiser eigentlich an das preußische Vorbild einer uneingeschränkten Juden-Emanzipation halten, einer „Rezeption", wie man damals sagte. Stände und Behörden bestanden aber auf einer weiteren Beschränkung oder wenigstens Kontrolle der Zahl ansässiger Juden. So blieb die barocke „Toleranz", die Notwendigkeit besonderer, befristeter Aufenthaltsbewilligungen als Grundlage jüdischer Existenz in Wien erhalten. Man wollte die Zahl der „jüdischen Religionsgenossen" in der Hauptstadt nicht vergrößert wissen, und auch die Bildung einer regelrechten Gemeinde wurde noch immer nicht gestattet. Hingegen sollte Wien in Sachen menschlicher Besserstellung der Juden ein Modell werden, dem man ihre Situation in den Provinzen anzugleichen trachtete.

Im einzelnen mußten die Wiener Juden nun nicht mehr in ihnen bestimmten Häusern wohnen, sie konnten sich in der Stadt, aber auch in den ihnen bisher verbotenen Vorstädten nach ihrer eigenen Wahl niederlassen. Es fielen alle Vorschriften für eine besondere Kleidung der Juden, das Ausgehverbot an christlichen Sonn- und Feiertagen und ihr Ausschluß von den öffentlichen Belustigungen in der Wienerstadt. Gleichzeitig wurden die doppelten Gerichts- und Kanzleigebühren für die Wiener Juden abgeschafft und die Leibmaut für den auf wenige Tage befristeten Aufenthalt fremder Juden aufgehoben.

Die Schaffung der ersten nicht-religiösen „Jüdischen Normalschule" unter staatlicher Oberaufsicht in Wien wurde von dessen aufgeklärten Juden als „Beginn einer neuen Epoche" begrüßt, während orthodoxe Kreise Bedenken gegen das Reformwerk des Kaisers bekamen. Das galt noch mehr hinsichtlich des Verbotes, Rabbinats- und Gemeindeurkunden öffentlicher Geltung wie bisher auf Hebräisch zu verfassen. Joseph II. lag nämlich ebenso wie die Emanzipierung die Assimilierung der Juden am

Herzen. Bei den Juden Galiziens, für die das Wiener Patent 1789 neugestaltet wurde, erlangten darauf Wien und speziell die Hofburg eine geradezu schaurige Berühmtheit. Chassidische Sagen begannen zu berichten, wie es der „verborgene" Zaddik Rabbi *Löb ben Sara* aus Jaltuschkow unternommen habe, die „unheilvollen Toleranzpatente" wirkungslos zu machen: Er habe die Fähigkeit besessen, sich ohne Tarnkappe unsichtbar zu machen und ohne Siebenmeilenstiefel mit einem Sprung an jeden beliebigen Ort zu gelangen. Mit Hilfe dieser Wundergabe habe er nun den Kampf gegen Kaiser Joseph II. eröffnet, der es auf den Umsturz der altüberkommenen Lebensordnung des Volkes Israels absah. Jahre hindurch habe Rabbi Löb mit seinem mächtigen Gegner gerungen, indem er den Jaltuschkow von der Residenzstadt Wien trennenden Raum immer wieder sprungweise durchquerte. In Wien sei er ungesehen von den Wachen in die Hofburg eingedrungen, habe dem Kaiser ein Messer ins Fleisch gebohrt und gerufen: „Wirst du deine gegen Israel verfügten Maßnahmen widerrufen, so soll es dir wohlergehen; ansonsten wirst du bald verrecken!" Auf die Schmerzensschreie des Gepeinigten seien jedesmal seine Diener herbeigestürzt. Sie hörten die Stimme des Zaddik, konnten ihn aber nicht fassen, weil er unsichtbar blieb. Solche „Strafexpeditionen in die Wiener Hofburg" habe Rabbi Löb des öfteren wiederholt. Das Herz Josephs II. sei aber gleich dem des biblischen Pharaos immer aufs neue verhärtet worden, bis der Kaiser unter dem unsichtbaren Messer des Wunder-Rabbi verschied. Solche Geschichten erhöhten aber nur die Anziehungskraft von Wien auf die junge jüdische Generation in Galizien, der Karpathenukraine, Bukowina und Slowakei. Wer aus der Enge des „Schtettl" ausbrechen wollte, den zog es fortan in die „große Freiheit" des jüdischen Wien.
Ihre namhaftesten Repräsentanten waren die Aufklärer Herz Naphtali Homberg (1749 bis 1841) und Naphtali Herz Weisel, der sich später Wessely nannte (1725 bis 1805). *Homberg* verfügte über eine solide talmudische Ausbildung. Unter dem Einfluß von Moses Mendelssohn in Berlin schloß er sich jedoch der Haskala an, der jüdischen Aufklärung. Auch außerhalb Wiens, vor allem in Triest und Galizien, wurde er zur treibenden Kraft für die weltliche jüdische Schulreform. Fand er in Österreich, von Wien abgesehen, damals noch mehr Undank und Ablehnung als Anerkennung, so ist seine „Wiener Jüdische Normalschule" zum Vorbild für das große Schulwerk geworden, das die „Alliance Universelle Israélite" zwischen 1850 und 1920 beim osteuropäischen und orientalischen Judentum aufbaute. *Wessely* wurde mit seinem Aufruf „Worte der Wahrheit und des Friedens an die gesamte jüdische Nation, vorzüglich an diejenigen, so unter dem Schutze des glorreichen und großmächtigsten Kaisers Joseph des Zweiten wohnen" zum Herold von Wien und Österreich als Heimland und geistigem Mittelpunkt aller aufgeklärten Juden.

Ganz so ideal war die Lage aber noch immer nicht: 1784 wurde der beantragte Bau eines jüdischen Bethauses in Wien vom Magistrat untersagt, der Fiskus bemächtigte sich der Juden erst recht durch die neuen „Koscherfleischaufschläge" und „Lichtzündungssteuern" für die am Sabbat verwendeten Kerzen. Die von Joseph II. eingeführte teilweise Pressefreiheit hatte als Nebenwirkung, daß sich der schon lange latente kleinbürgerliche Antisemitismus lautstark äußern konnte. Darunter auch erste Stimmen, die eine Regelung der „Judenfrage" für unmöglich bezeichneten und wiederum ein „judenfreies" Wien forderten:

„Wär ich endlich Kaiser, so ließe ich meine Juden ihren Messias... außerhalb meiner Staaten erwarten...".

Als die Französische Revolution 1791 die volle Gleichstellung der Juden verkündete, glaubte man in Wien, Grund für die Zurücknahme der einen und anderen Reform Josephs II. zugunsten der österreichischen Juden zu haben: Von Franz II. wurde die zuvor aufgehobene Leibmaut für auswärtige und ausländische Juden in Wien als „Bollettentaxe" wieder eingeführt. 1792 wurde das berüchtigte Judenamt geschaffen, das bis zur Revolution von 1848 Bestand haben sollte. Seine offizielle Aufgabe war die Überwachung der jüdischen Bevölkerungsbewegung in Österreich, seine inoffizielle, aber eigentliche Funktion bestand darin, arme Juden durch bürokratische Schikanen am Zuzug nach Wien zu hindern. Die wohlgemeinte Maßnahme Josephs II. von 1787, der die Juden durch die Annahme von Familiennamen angleichen wollte, erleichterte diese Kontrollaktionen beträchtlich. Von sich aus nicht negativ war ebenfalls 1792 die neugeschaffene Institution der „Vertreter", von denen fortan im Namen der Juden mit den staatlichen Behörden und der Regierung verhandelt wurde. Vertreten war in den „Vertretern" allerdings nur die jüdische Hochfinanz mit dem Wiener Rothschild an der Spitze. Den armen Juden ging es in Wien und anderswo unter den Nachfolgern Josephs II. noch schlechter als den anderen nationalen, religiösen oder sozialen Außenseitern. Immerhin wurde dieses Gremium zum Vorläufer der regelrechten jüdischen Gemeinde in Wien, die sich erst 1849 konstituieren durfte.

Die Jahre der „Koalitionskriege" gegen die Französische Revolution und der Napoleonischen Feldzüge brachten andere Probleme als eine weitere Diskussion der Wiener „Judenfrage". Sie boten aber auch gute Anlagemöglichkeiten für bewegliches Kapital und Gelegenheit zu dessen rascher Vermehrung. Da den Juden der Landerwerb — mit Ausnahme des durch Joseph II. gestatteten Ankaufs von Grundstücken für die Errichtung von Fabriken — nicht gestattet und somit die Kapitalanlage in Immobilien verwehrt blieb, gewannen die jüdischen Bankhäuser durch rasche Kapitalanhäufung in den Jahren vor dem Wiener Kongreß eine dominierende Stellung am Geld- und Kreditmarkt der österreichischen Kaiserstadt. Dasselbe galt für den Textil- und Produktenhandel. Ein neues Zentrum jüdischer Handelstätigkeit bildete sich zwischen Rotenturmstraße, Graben, Tuchlauben, Marc-Aurel-Straße und Rotenturmufer. Das alles unter den Augen des Judenamtes am Petersplatz, obwohl viele dieser jüdischen Kaufleute nicht einmal die Erlaubnis hatten, sich in Wien aufzuhalten.

Die jüdischen Bankiers Nathan Adam Freiherr von Arnstein und Bernhard Freiherr von Eskeles waren an der Gründung der Ersten Österreichischen Sparkasse und der Österreichischen Nationalbank führend beteiligt. An die Stelle der Taufe als Passierschein in die Emanzipierung und Assimilierung trat nun der Adelsbrief. Hatte bei der Familie von Sonnenfels das Adelsprädikat eine spätere Belohnung der elf Jahre zuvor im Schottenstift vorgenommenen Taufe dargestellt, so beginnt 1796 mit der Erhebung des Lazar Wertheimer zu einem „Edlen von Wertheimstein" die lange Reihe österreichischer „von", Edlen, Freiherrn und Baronen mosaischen Glaubens. Salomon Rothschild, Begründer des Wiener Hauses gleichen Namens und praktisch zweitmächtigster Mann des Vormärz nach Metternich, erhielt außer dem Freiherrnstand noch für seine Brüder in London und Paris die Ernennung zu „wirklichen unbesoldeten k. k. General-Konsuln" in London und Paris.

Ein Vorstoß der fünf „Vertreter" Arnstein, Eskeles, Herz, Lämel und Auspitz, um auf dem Wiener Kongreß die Emanzipation oder später wenigstens die private bürgerliche Gleichstellung der österreichischen und deutschen Juden zu erreichen, blieb hingegen ein Schlag ins Wasser. Den Wiener Juden wurde es in der Folge wenigstens ermöglicht, sich am neuen Schwerpunkt ihrer wirtschaftlichen Aktivitäten in der Inneren Stadt auch ihr religiöses Zentrum einzurichten. Schon 1811 war hier in der Seitenstettengasse ein Haus für die Einrichtung eines würdigen Kultraumes und der Religionsschule durch den aus Preßburg stammenden Michael Lazar Biedermann erworben worden. Aber erst 1825/26 konnten Biedermann und Hofmann dort den klassizistischen „Stadttempel" erbauen lassen, als dessen „lebende Säulen" sie im jüdischen Wien unvergessen geblieben sind. Die „Seele" des Seitenstetten-Tempels wurde der in Kopenhagen geborene Isaak Noa *Mannheimer* (1793 bis 1865). Er hatte in seiner dänischen Heimat sowohl die Judenemanzipation erlebt wie eine religiöse Ausbildung der alten Schule erhalten. Als „Katechet" der jüdischen Gemeinde von Kopenhagen lernte Mannheimer Assimilierungstendenzen in Dänemarks evangelischer Staatskirche kennen, an der Universität erwarb er sich eine gediegene geisteswissenschaftliche Schulung. Er liebte das jüdische Erbe ebenso, wie er die Errungenschaften der Aufklärung anerkannte, ohne jedoch die „Haskala" als unfehlbares Alleinrezept zu betrachten.

Mannheimer war der richtige Mann, die bisher widersprüchlichen jüdischen Geistesströmungen in einen Guß zu bringen. Wien, am Schnittpunkt

Auszug aus dem Adelsprivileg des Lazar Wertheimer vom 14. Oktober 1796
Erste Nobilitierung eines Juden in Österreich
Wiener Stadt- und Landesarchiv

des mittel- und osteuropäischen Judentums, war der geeignete Boden seines Wirkens, nachdem er es zuvor in Berlin und am Hamburger „Reformtempel" versucht hatte: 1825 wurde der 32jährige von den „Vertretern" als Direktor der israelitischen Religionsschule angestellt. Dazu kam das Amt des Rabbiners und Predigers an der neuen Synagoge. Hier wurde Mannheimer mit seinen „Bethausstatuten" zum Begründer des in der Mitte zwischen Reform und Tradition stehenden „Wiener Ritus". Wieder einmal trat Wien ins Zentrum des religiösen Lebens der deutschsprachigen und nordischen Juden.

Einen großen Anteil an der Ausbreitung des „Wiener Ritus" nahm neben Mannheimer der „Ober Cantor der Israeliten Gemeinde und Professor im Conservatorium in Wien" Salomon *Sulzer* (1804 bis 1890). Er stammte aus Hohenems in Vorarlberg. Seine musikalische und stimmliche Begabung war so außerordentlich, daß er nach Lehrjahren in seiner Heimatgemeinde und Wanderjahren im Bodenseegebiet schon ganz jung als Kantor an die neue Wiener Synagoge berufen wurde. Sulzers Gesang erregte allgemeine Bewunderung. Als Lehrer und Komponist war er bald eine Autorität im Wiener Musikleben. Seine persönlichen Kontakte reichten von Schubert bis Liszt. Sein bleibendes Werk auf dem Gebiet des synagogalen Gesangs hatte nicht nur für den Wiener Stadttempel Bedeutung. Sulzer vermittelte seine Kunst durch das von ihm in zwei Bänden herausgegebene Gesangbuch „Schir-Zion" auch ungezählten Gemeinden in Europa und Amerika, ja selbst in Jerusalem. Die musikwissenschaftliche Forschung nimmt sich in neuerer Zeit des Werkes von Sulzer besonders an. Das „Schir-Zion" wird in der Sammlung „Denkmäler österreichischer Tonkunst" kritisch ediert.

Dritter im Bunde war mit Mannheimer und Sulzer seit 1828 der „Ritualienbeziehungsweise Koscherfleischaufseher" Eleasar *Horowitz* (1803 bis 1868). Vor der Errichtung von Amt und Titel eines Wiener Oberrabbiners, die bis 1869 auf sich warten ließ, mußte sich der für Wiens orthodoxe Juden zuständige Rabbiner hinter dieser Funktion ebenso verbergen, wie der Prediger des Stadt-Tempels als Schuldirektor auftreten mußte. Horowitz war aus Bayern an die Gemeinde von Deutschkreutz im Burgenland gekommen, studierte an der streng traditionalistischen Jeschiwa von Preßburg und kam darauf nach Wien. Horowitz eröffnete hier nach langem wieder eine Talmud-Schule und galt als anerkannter Gelehrter in halachischen Fragen. Eine Sammlung seiner Responsen auf die verschiedensten rituellen und gesetzlichen Fragen erschien postum unter dem Titel „Jad El'azar" (Hand des Eleasar). Trotz seiner persönlich sehr strengen Auffassungen in religiösen Dingen war Rabbi Horowitz kein Eiferer, sondern tolerant und in Wien immer auf den Ausgleich zwischen Konservativen und Reformern bedacht.

Der Wiener Stadttempel in der Seitenstettengasse

33

Mannheimer, dessen Anliegen die „Wiedergeburt eines zerfallenen, aufge-
lösten Volkes, Wiederherstellung des reinen Gottesdienstes, der Einheit
und Würde unserer unwissenden, verwahrlosten Glaubensgenossen" war,
wandte sich dann während und nach der Revolution von 1848 auch der
politischen Verwirklichung dieser Ziele zu. Er hielt die Predigt beim
Begräbnis der Märzgefallenen und ließ sich als Abgeordneter zum Konstituierenden Reichstag wählen.
Schon im Vormärz hatte Joseph von Wertheimer, der später zu einem der
profiliertesten Wortführer des Wiener liberalen Judentums wurde, in
seinem 1842 anonym in Leipzig herausgebrachten Buch „Die Juden in
Österreich vom Standpunkt der Geschichte, des Rechts und des Staatsvor-
teils" ein einheitliches Bürgerrecht für die Juden anstelle der bisherigen
Einzelprivilegien gefordert. Bei der Revolution von 1848 waren dann die
Wiener Juden in allen sozialen Gruppen vertreten, von denen das Aufbe-
gehren gegen das System Metternich getragen wurde. Die für die Wiener
Juden bedeutsamste Forderung der revolutionären Bewegung war die nach
„Gleichstellung der verschiedenen Glaubensgenossen in staatsbürgerlichen
Rechten". Und die sogenannte „Pillersdorf-Verfassung" vom 25. April
1848 überließ die Frage einer bürgerlichen Gleichstellung der Juden dem
künftigen Reichstag.
Die Niederwerfung der Revolution im Oktober 1848 machte mit all den
anderen Hoffnungen zunächst auch die Emanzipation der Wiener Juden
zunichte. Die Gleichberechtigung der Konfessionen und Religionen, auf
die Mannheimer an den Gräbern der Märzgefallenen gehofft hatte, fand in
der gemeinsamen Hinrichtung des Katholiken Wenzel C. Messenhauser,
des Deutschkatholiken Robert Blum, des Protestanten Alfred Julius
Becher und des Juden Hermann Jellinek ihr trauriges Ende. Der in Abwesenheit zum Tode verurteilte Goldmark emigrierte nach Amerika,
Dr. Adolf Fischhof wurde zwar nach einigen Monaten Haft 1849 entlas-
sen, mußte sich aber in die Umgebung von Klagenfurt zurückziehen. Für
das Wiener liberale jüdische Bürgertum des 19. Jahrhunderts und seine
Intelligenz blieb aber 1848 der nicht mehr auszulöschende Bestandteil eines
nunmehr optimistischen Geschichtsbildes. Reminiszenzen an die Revolution und Loyalität zum neuen Kaiser Franz Joseph I. gingen dabei eine
Verbindung ein, deren dichterischer Wortführer Ludwig August Frankl
wurde.
Unter Kaiser Franz Joseph wurden die Wiener Juden zu Österreichern par
excellence. In den sechseinhalb Friedensjahrzehnten des Monarchen, der
bei seinen öffentlichen Auftritten gleich nach dem Kreuz die ihm entgegen-
getragene Thorarolle küßte, keimte in den Wiener Juden ein bisher nie
gekanntes Heimatgefühl in der Hut „Seiner Apostolischen Majestät des
Königs von Jerusalem" auf.

Isaak Noa Mannheimer als Vertreter der Judenschaft bei der Beisetzung der Märzgefallenen am 17. März 1848 auf dem Schmelzer Friedhof
(mit übereinandergehaltenen Händen hinter einem Sarg stehend)
Beilage zur „Arbeiter-Zeitung" vom 13. März 1898

Franz Joseph wandte den Juden eine aufrichtige Sympathie zu. Er betonte ihre unwandelbare Loyalität gegen das Kaiserhaus, ihre Eigenschaften des Zusammenhaltens untereinander und in ihren Familien. Der Kaiser duldete es nicht, in seiner Gesellschaft über die Juden zu schimpfen oder sie lächerlich zu machen. Es ist bekannt, daß er gerne in jüdischer Gesellschaft weilte; bei Frau Schratt traf Franz Joseph auch jüdische Frauen und Mädchen, mit denen er sich gerne unterhielt. Baron Albert Rothschild war einer der Vertrauensmänner des Kaisers. Er sprach den Bankier bei öffentlichen Anlässen mit Vorliebe lange an und reichte ihm dabei die Hand, was Franz Joseph selbst bei höchsten Funktionären nur äußerst selten tat. Bei einer kaiserlichen Familientafel in Bad Ischl kam zufällig das Gespräch auf Sir Moses Montefiore, auf den französischen Großrabbiner Zadoc Kahn und auf andere führende jüdische Persönlichkeiten. Der Kaiser rühmte mit Begeisterung ihre humanistische Weite und erwähnte in diesem Zusammenhang David und Regina Pollak, die in Wien ein Spital gestiftet hatten. Wenn er David Pollak außerdem in den Adelsstand erhob, so habe ihn dieser weitaus mehr verdient als viele andere damit Bedachte. Prinz Waldemar von Dänemark, der an der Tafel saß, war über das alles sehr erstaunt und rief: „Majestät, Sie sind doch nicht etwa Philosemit?" — „Freilich bin ich es", entgegnete Franz Joseph gut gelaunt, „und das mit gutem Grund: Waren doch die Päpste seit jeher die besten Beschützer der Juden! Sollte ich da katholischer sein als der Papst?"

Es war auch die persönliche Initiative des Kaisers, die zur Gründung der jüdischen Gemeinde in Wien führte. Schon am 3. April 1849 gebrauchte der junge Franz Joseph in einer Ansprache die Worte „Israelitische Gemeinde von Wien". Ein erstes provisorisches Gemeindegesetz trat dann 1852 in Kraft. Aber erst der Zerfall des neoabsolutistischen Systems auf den italienischen Schlachtfeldern von 1859 brachte mit der allgemeinen Liberalisierung des öffentlichen Lebens auch den Wiener Juden endlich ihre gesetzliche Gleichberechtigung: 1861 zogen die ersten drei jüdischen Abgeordneten in den Wiener Gemeinderat ein. Der österreichisch-ungarische Ausgleich von 1867 brachte dann die volle Glaubens- und Gewissensfreiheit als Verfassungsgesetz für beide Reichshälften.

Die Wiener Juden traten unwiderruflich in die bürgerliche Welt der liberalen Epoche ein. Ein flüchtiges Blättern in den Annalen Wiens nach 1867 genügt, um den Anteil der Juden an dem schnellen Wachstum und raschen Aufstieg dieser Stadt feststellen zu können. Anders als vor 1848, als zusammen mit den 197 „Tolerierten" noch etwa 4000 Juden in Wien lebten, wuchs der jüdische Anteil an der Bevölkerung unter Franz Joseph zuerst stetig, nach 1867 dann sprunghaft an. 1857 repräsentierten 6217 Juden immer noch erst 2,16 Prozent einer Gesamtbevölkerung von 287.824, hingegen waren es 1880 schon 72.588 Juden von 721.551 Wienern (10,6 Pro-

zent). Nahezu 20.000 Wiener Juden lebten jetzt wieder in der Leopoldstadt, in den Straßen und Gassen des einstigen Ghettos. Kleinhandel,
daneben aber auch Handwerk und Dienstleistungsgewerbe bildeten die
wichtigsten Erwerbszweige der meisten Neuankömmlinge aus der Bukowina, Galizien, Ungarn und den Sudetenländern, die nur wenig mit dem
etablierten Wiener Judentum gemeinsam hatten. In religiöser Hinsicht war
so bald die ostjüdische Orthodoxie in der Mehrheit. Kultusminister Leo
Graf Thun-Hohenstein versuchte mit Hilfe ultra-orthodoxer Kreise eine
Spaltung in die Gemeinde zu tragen. Diese Tendenzen konnten durch Dr.
Adolf *Jellinek,* einen Namensvetter des Revolutionskämpfers von 1848,
abgewehrt werden. Der liberale Nachfolger von Mannheimer war ein
Wortführer des emanzipierten, nach innen wie außen toleranten Judentums, für das er in der Zeitschrift „Die Neuzeit" eintrat. Im „Jüdischsein"
erblickte Jellinek einen „Menschheitsberuf als Träger der Gottesidee in der
Geschichte". Nicht Selbstabkapselung, sondern Selbstverwirklichung in
der Teilnahme an der allgemeinen menschlichen Kultur war das Ziel, das in
den folgenden Jahrzehnten gerade in Wien seine schönste und reichste Verwirklichung fand. Religiös schlugen sich die Bemühungen Jellineks im
Statut der Israelitischen Kultusgemeinde Wien aus dem Jahr 1890 nieder.
Wien wurde so eine der wenigen Großstädte der Welt, wo eine Gemeinde
die gesamte jüdische Bevölkerung umfaßte, ohne „Austritts-" oder andere
Parallelgemeinden neben sich dulden zu müssen.
Nach Paragraph zwei des Statuts gehörte der Kultusgemeinde jeder Israelit
an, der in Wien seinen ordentlichen Wohnsitz hatte, ohne Rücksicht auf
seine Heimatberechtigung und Staatsbürgerschaft. Grundsätzlich wurde
weiter festgelegt, daß an einem Ort nur eine Gemeinde bestehen kann, die
Gemeindeeinrichtungen laut den Bedürfnissen der Mehrheit und daneben
solcher verschiedener orthodoxer Observanzen eingerichtet werden. Die
Kultusgemeinde Wien ist sowohl finanziell wie auch organisatorisch vom
Staat unabhängig. Demgegenüber konnten sich in der Folge nicht einmal
die stark separatistischen Bestrebungen der wohl kleinen, aber viel älteren
und zeitweise vermögenden türkisch-sefardischen Gemeinde aus dem
18. Jahrhundert durchsetzen: Ihr wurde 1909 von der Kultusgemeinde eine
autonome Stellung eingeräumt, für die sich aber die „Türken" ihrerseits
von einer eigenen Gemeinde zum „Verband der Türkischen Israeliten"
umbenennen mußten.

Das zionistische Wien

Wien vor der Jahrhundertwende war aber nicht nur eine Art neues Jerusalem für die mittel- und osteuropäischen Juden. Es wurde ebenfalls zum Ausgangspunkt der Bewegung, die das Judentum nach Jerusalem zurückführen sollte, des Zionismus. Daß dieser gerade von Wien ausging, hängt mit dem hier besonders heftigen Umschlagen der liberalen Judenemanzipation in schlimmsten religiösen und rassischen Antisemitismus im späten 19. Jahrhundert zusammen. Der Rabbiner von Floridsdorf und Reichstagsabgeordnete Dr. Josef Samuel Bloch (1850 bis 1923) hat diesen Wandel treffend beschrieben: „Dem Juden war der Liberalismus mehr als eine Doktrin, ein bequemes Prinzip und eine populäre Tagesmeinung; — er war sein geistiges Asyl, sein schützender Port nach tausendjähriger Heimatlosigkeit, die endliche Erfüllung der vergeblichen Sehnsucht seiner Ahnen, sein Freiheitsbrief nach einer Knechtschaft namenloser Härte und Schmach, seine Schutzgöttin, seine Herzenskönigin, welcher er diente mit der ganzen Glut seiner Seele, für die er stritt auf den Barrikaden und in den Volksversammlungen, in dem Parlament, in der Literatur und in der Tagespresse; ihretwegen ertrug er willig den Zorn der Mächtigen; selbst ihre tausend kleinen Launen und Fehltritte, ihre gelegentliche Untreue und das künftige verdächtige Liebäugeln mit seinen Feinden verzieh er gerne der schönen Sünderin. Eines Morgens erwachte er, schrille, gehässige Töne erschreckten sein Ohr, gleich dem Gebrüll wilder Bestien; er blickte um sich, und seine angebetete Schutzgöttin lag entseelt auf dem Boden."

Rabbi Bloch hat das Umschlagen des Liberalismus in den Antisemitismus in vorderster Front miterlebt. Gemeinsam mit seinen Amtskollegen Jellinek und Dr. Moritz Güdemann (1835 bis 1898), dem Rabbiner am zweiten Wiener Gemeindetempel in der Leopoldstadt (Tempelgasse), trug er die Hauptlast bei der Verteidigung des jüdischen Wien gegen die vom katholischen Bibelwissenschafter August Rohling 1871 mit dem Pamphlet „Der Talmudjude" entfachte Verleumdungs- und Hetzkampagne.

Der kirchliche Antisemitismus hatte seinen Anfang mit einer Frontstellung gegen den Liberalismus genommen, als dessen „Kerntruppe" man aber rasch die Juden aufs Korn nahm. Bald war es gang und gäbe, den Liberalismus von der Kanzel als „unchristlich und jüdisch" zu verunglimpfen. Die „Wiener Kirchenzeitung" entwickelte sich zum Hauptorgan des Kampfes gegen den „Judenliberalismus". Als ihre Chefredakteure taten sich dabei zunächst Sebastian Brunner und später Albert Wiesinger hervor. Der christlich-soziale Theoretiker Carl von Vogelsang setzte dann Judentum und Kapitalismus gleich und versprach dem Wiener Kleinbürgertum, daß es erst dann auf einen grünen Zweig kommen werde, wenn die Vergiftung von Handel und Wandel durch die bösen Geschäftspraktiken der Juden aufgehört hätte. Karl Lueger blieb aber die wahre Vergiftung des „goldenen Wienerherzens" mit dem Antisemitismus vorbehalten. Der nachmalige „größte deutsche Bürgermeister", dem sich Kaiser Franz Joseph vergeblich entgegenstellte, erkannte schon früh, wie leicht man die Massen mit der Judenhetze verblenden und damit die eigene politische Karriere zur Vollendung bringen kann. Allerdings muß umgekehrt auf den vornehmlich wirtschaftlichen Charakter von Luegers Antisemitismus und auch auf seinen bekannten Ausspruch „Wer a Jud is, des bestimm' i" hingewiesen werden.

Parallel zum christlich-sozialen Antisemitismus entwickelte sich in Wien auch der Rassenwahn. Ausschlaggebend für dessen rasche Verbreitung wurde Theodor Billroths Buch „Über das Lehren und Lernen der medizinischen Wissenschaften". Er zog darin dünkelhaft gegen die jüdischen Studenten aus Galizien los, die sich ihr Studium als Zündholzverkäufer finanzierten. Juden könnten nicht als „Deutsche" bezeichnet werden, da sie eine scharf ausgeprägte, schon rein äußerlich vom Deutschtum unterschiedene Nation bildeten. Diese Anschauung wurde von den Wiener Studentenverbindungen übernommen, die ab 1877 keine jüdischen Kommilitonen mehr aufzunehmen begannen. Ein Hermann Bahr erinnert sich: „Die Marken, mit denen wir damals alle stillen Orte der Inneren Stadt beklebten, trugen den Spruch: Was der Jude glaubt, ist einerlei, in der Rasse liegt die Schweinerei!" Leider war es auch ein Wiener Jude, der von tragischem Selbsthaß zerfressene Otto Weininger, der den Rassen-Antisemiten mit seiner Behauptung von der „angeborenen Minderwertigkeit" der Juden die besten Argumente lieferte. Georg Ritter von Schönerer machte den Rassenwahn im politischen Leben Wiens salonfähig. 1885 fügte er „die Beseitigung des jüdischen Einflusses auf allen Gebieten des öffentlichen Lebens" dem deutsch-nationalen Linzer Programm bei.

Die Judenhetze war in Wien zu einer politischen Bewegung geworden. Sie erreichte ihren ersten Höhepunkt bei den Kommunalwahlen von 1888. Bei diesen schlossen sich die Deutschnationalen unter Pattai, Schönerer mit seinen Anhängern und die Christlich-Sozialen unter Lueger unter dem Namen „Vereinigte Christen" zu einem antisemitischen Block zusammen. Auffallend an dieser rassistischen Liga war das starke Hervortreten des katholischen Klerus. Einen Einblick in seine Geisteshaltung bildet der enge Kampfgefährte Luegers Prälat Dr. Joseph Scheicher in seinem utopischen Roman „Österreich gibt es seit 1900 nicht mehr": „Ich erinnere mich, daß Österreich seinerzeit an nichts so reich war, als an Juden. Die Juden benahmen sich, als seien sie in Wien die Herren, die Christen die versklavte Urbevölkerung. Daß man ein Raubtier erschlägt, wußten sie. Daß ein Raubmensch ebenso behandelt werden müsse, wollte den leider wenig erzogenen Juden und Genossen... lange nicht einleuchten: Wo man hinspuckt, nichts als Juden!"

Der Christlich-Soziale Ernst Schneider verlangte ganz unverblümt, daß für Juden eine Abschußprämie gezahlt werde. Ein anderer Phantast rassistischer Ideen im Wien der Jahrhundertwende war Jörg Lanz von Liebenfels. In seinen „Ostara-Heften" meinte er, daß man das Volk gar nicht mehr zum Juden-Pogrom aufstacheln müsse: Die Judenvernichtung komme früher oder später mit Notwendigkeit. Bis dahin sollte man die Judenfrage mit dem Kastrationsmesser in Schranken halten.

Die „Ostara-Hefte" hatten zwischen 1906 und 1911 in Wien einen inbrünstigen Leser, den jungen Adolf Hitler. Die Wiener Atmosphäre des Antisemitismus brachte sein schon vorher stark entwickeltes Vorurteil gegen die Juden zur vollen Blüte. Seine spätere grauenvolle Spur als „Endlöser der Judenfrage" ist nur die konsequente Fortsetzung der Ideen und Haßparolen, die damals in Wien von den Schönerianern, aber auch bei den Christlich-Sozialen und in der Kirchenpresse gepredigt wurden.

Als Folge dieser Entwicklung nahm der jüdische Bevölkerungsanteil in Wien zwischen 1880 und 1910 wieder ab: Es lebten nur mehr 175.318 Juden unter den damals über zwei Millionen Wienern. Das sind 8,63 Prozent im Vergleich mit über zehn Prozent vor 1880. Aber auch die emanzipatorischen Errungenschaften der weiter in Wien lebenden Juden waren nun wieder in Frage gestellt. Zu ihrer Verteidigung wurden 1884 die „Österreichische Wochenschrift" und 1885 die „Österreichisch-Israelitische Union" gegründet. Die Assimilierungstendenzen der deutsch-national gesinnten Wiener Juden unter Friedjung bewegten sich immer mehr im luftleeren Raum.

In dieser Atmosphäre konnten die zionistischen Ideale der „Aliya", der Heimkehr des jüdischen Volkes in seine alte biblische Heimat, die im bedrängten Ostjudentum unter russischer und rumänischer Herrschaft schon das ganze 19. Jahrhundert lebendig waren, gerade in Wien ihre endgültige und konkret realisierbare Ausprägung erhalten: durch Theodor *Herzl* (1860 bis 1904).

Die Idee des Zionismus existierte bereits lange vor seinem Auftreten in Wien. Bereits 1861, also ein Jahr nach Herzls Geburt, veröffentlichte Moses Hess sein Werk „Rom und Jerusalem", in dem er die Juden zur Staatsbildung aufforderte. Einen ähnlichen Aufruf stellte die Schrift „Autoemanzipation" des russisch-jüdischen Arztes Leon Pinsker dar, die 1882 erschien. Im selben Jahr entstand im zaristischen Rußland unter dem Eindruck der Pogromwelle von 1881/82 die sogenannte Bihebewegung, deren Mitglieder nach Palästina auswanderten und sich dort als Siedler niederließen.

Theodor Herzl, Protagonist des modernen Zionismus

Herzl stammte aus einer assimilierten, liberalen jüdischen Familie in Budapest. Er übersiedelte später mit seinen Eltern nach Wien, studierte Rechtswissenschaft an der Universität und gehörte ursprünglich derselben Burschenschaft „Albia" wie Hermann Bahr an. Im Kreis seiner Mitstudenten von der später gegründeten jüdischen Verbindung „Kadimah" versuchte Herzl, dem Indifferentismus im Innern des Wiener Judentums entgegenzuwirken, und erkannte als einer der ersten die Schrift an der Wand des gerade damals kulturell blühenden Wiener Judentums. Auf Exkursionen besuchte er die ländlichen mährischen, slowakischen und burgenländischen Juden und kam dort zu der Überzeugung, daß die Juden zu Bauern, ja landwirtschaftlichen Pionieren geboren wären, wenn sie sich nur in dieser Richtung entfalten könnten.

Nach dem Abschluß seines Rechtsstudiums sah Herzl bald die Aussichtslosigkeit ein, als Jude jemals zum Richter befördert zu werden. Er versuchte sich als Dramatiker, später als Journalist. So wurde er 1891 als Auslandskorrespondent der „Neuen Freien Presse" nach Paris entsandt. Dort festigte sich seine in Wien gewonnene Überzeugung vom drohenden Untergang des assimilierten europäischen Judentums angesichts des Dreyfus-Prozesses.

Herzl begann an seiner zionistischen Programm-Schrift „Der Judenstaat" zu arbeiten, die er — wieder in Wien — am 20. Februar 1896 auf dem Kommers der „Kadimah" präsentierte. Von da an stellte sich die ganze Verbindung engagiert in den Dienst zionistischer Aktivität. Sie stellte Redner für zionistische Veranstaltungen, und ihre Mitglieder zählten zu dem ersten engen Kreis um Herzl.

Sein weiterer Lebenslauf war äußerlich von seiner Funktion als Feuilletonredakteur der „Neuen Freien Presse" bestimmt. Daneben entfaltete Herzl eine rastlose Tätigkeit, die Wien zum Zentrum der jungen zionistischen Bewegung machte. 1897 erschien die erste Nummer der Zionisten-Zeitung „Welt". Zwar trat dann der Erste Zionisten-Kongreß vom 29. bis 31. August 1897 in Basel zusammen, doch blieb das Herz der Bewegung bei Herzl in Wien. Hier manifestierte sich auch der heftigste innerjüdische Widerspruch. Sei es durch Oberrabbiner Güdemann, der sich mit seiner Schrift „Nationaljudentum" gegen den „Judenstaat" wendete, sei es von seiten eines Karl Kraus, der Herzl in seinem „Eine Krone für Zion" lächerlich zu machen versuchte. Sein anfänglicher Mitarbeiter als Redakteur der „Welt", Saul Raphael Landau, bemühte sich später als Gegenbewegung zum Zionismus um eine eigenständige Organisation der jüdischen Arbeiter in Wien. So näherte er sich, beeinflußt von der Ideologie der 1897 gegründeten jüdischen Arbeiterpartei Rußlands, dem „Bund", den Gedanken des „Arbeiter-Zionismus" (Poale), dessen Schöpfer Ber Borochov vor dem Ersten Weltkrieg zeitweise in Wien lebte. Von dieser vom bürgerlichen und

Grabstein der Familie Herzl auf dem Währinger jüdischen Friedhof

kolonialistischen Zionismus Herzls abweichenden Richtung führt eine gerade Linie zu Bruno Kreisky mit seiner israel-kritischen, araberfreundlichen Außenpolitik zwischen 1970 und 1983.

Trotz Herzls frühem Tod und seinen zunächst erfolglosen Bemühungen, die Schaffung eines Judenstaates und später die Rückwanderung nach Palästina im Einvernehmen mit Kaiser Wilhelm II., dem türkischen Sultan Abdül Hamit II. und dem ägyptischen Vizekönig Abbas Hilmi II. in die Wege zu leiten, setzte sich sein 1897 in Basel verkündetes Motto „Der Zionismus ist die Heimkehr zum Judentum noch vor der Heimkehr ins Judenland" in Wien immer stärker durch. Am Ende des Ersten Weltkrieges war seine Berechtigung im jüdischen Wien so allgemein anerkannt, daß 1918 der Zionist Zwi Perez Chajes (1876 bis 1927) als Oberrabbiner der Israelitischen Kultusgemeinde eingesetzt wurde. Ein Jahr zuvor war der großen Idee des Wieners Herzl mit der Balfour-Erklärung vom 2. November 1917 über die Schaffung einer jüdischen Nationalheimstätte in Palästina ihr entscheidender Durchbruch geglückt.

Zwischen den Weltkriegen

Die Aufstückelung der Monarchie als Folge des Ersten Weltkrieges war für die noch nicht zionistischen Juden von Wien eine einschneidendere Katastrophe als für die anderen Wiener. Aus diesem Dilemma erklärt sich der Elan des Nachfolgers des jüdischen Sozialdemokraten Victor Adler als Staatssekretär des Äußeren, Otto *Bauer,* den Anschluß der Ersten Republik an Deutschland bis zur Konsequenz seines Rücktritts zu fordern. Bauer kam aus einer jüdischen Fabrikantenfamilie und somit wie andere Führer der österreichischen Sozialdemokratie bis hin zu Kreisky aus dem Großbürgertum. Zum Unterschied von diesem und anderen gehörte er jedoch bis zu seinem Lebensende 1938 der jüdischen Religionsgemeinschaft an. In der Judenfrage vertrat er bis zum Schluß den in unserem Jahrhundert bereits anachronistischen Standpunkt der totalen Assimilation. Auch in seiner Anschluß-Sehnsucht hat sich Bauer bitter getäuscht: Es war eine traurige Ironie der Geschichte, daß bei der Erfüllung von Otto Bauers Traum für ihn, für den Juden, für die Sozialdemokraten in Wien und Österreich kein Platz mehr blieb.

Zum Unterschied davon schufen in Wien zwischen 1918 und 1938 jene jüdischen Österreicher, deren Herkunftsort jenseits der Grenze geblieben war, eine kulturelle Großmacht, deren geistiger Großraum den geographischen ersetzte. Sie bauten sie — zusammen mit Gleichgesinnten in Prag und Czernowitz — bis zur Vormachtstellung in Europa aus. Und als vom germanischen Norden die Verfinsterung drohte, glaubte in Wien nur der aus Galizien stammende Jude Josef Roth mit inbrünstiger Unbeirrbarkeit an den rettenden Ausweg eines Zusammenschlusses der Nachfolgestaaten der Donaumonarchie unter Führung des katholischen Österreich.

Solche Hoffnungen wären berechtigt gewesen, hätte während der Ersten Republik und noch mehr im sogenannten „Ständestaat" das Beispiel des Wiener Kardinals Theodor Innitzer Schule gemacht. Er hatte sich von Anfang an in seinen Beziehungen zum Judentum als aufrechter Christ bewährt und seine Sympathie für die Juden nie verhehlt. Als Professor an der Universität Wien half er armen jüdischen Studenten. Als Rektor unterband er die durch den christlich-sozialen Unterrichtsminister Czermak mit seinem antisemitisch-rassistischen Studentengesetz geschürten Ausschreitungen. Innitzer drohte, die Universität beim ersten Angriff auf jüdische Studenten für ein Jahr zu schließen, nachdem antisemitische Ausschreitungen gang und gäbe geworden waren und die Angreifer auch vor körperlichen Verletzungen von Studentinnen nicht zurückscheuten. An einem Kommers der zionistischen Studentenverbindung „Kadimah" nahm Innitzer als Ehrengast teil.

Christlichsoziales Flugblatt aus dem Jahre 1930
Karikatur von Fritz Schönpflug
Wiener Stadt- und Landesbibliothek

Antisemitische Kundgebung
nach der nationalsozialistischen Machtübernahme im Jahre 1938

47

Als Kardinal distanzierte sich Innitzer von dem Antisemitismus vieler seiner Kleriker, wie er sich in den Jahren des „Christlichen Ständestaates" als zunehmender Druck auf die jüdische Minderheit bemerkbar machte, mit seinem Beileidsschreiben an die Israelitische Kultusgemeinde Wien zum Ableben von Oberrabbiner Dr. David Feuchtwang am 5. Juli 1936 und in seiner Erklärung aus demselben Jahr: „In einer Zeit, in der Rassenhaß und Vergötzung der Rasse Triumphe feiern, ist es gut, wenn wir von der alten Kultur unseres Vaterlandes Österreich aus betonen, daß wir einen anderen Standpunkt einnehmen. Wenn Christus, der Herr, gesagt hat, sie sollen alle eins sein, so sind seine Brüder im Judentum nicht ausgeschlossen. Wir werden die große Parole Gerechtigkeit und Liebe im Auge haben, gerade in einer Zeit — ich sage dies nicht bloß Ihnen zuliebe, es sollte viel öfter gesagt werden —, in der den Juden das elementare Naturrecht abgesprochen wird."

Ganz gegenteilige Stimmen gab es damals nicht nur in der katholischen „Reichspost" zu lesen: Beim selben Anlaß wie Kardinal Innitzer, der Einweihung neuer Räumlichkeiten des „Pauluswerkes" in Wien, erklärte dessen Leiter Pater Georg Bichlmaier, daß der getaufte Jude gewisse angestammte Rasseeigenschaften mitbringe, nach denen er nicht „ohne weiteres wie jeder andere bereits als Kind getaufte deutsche Christ zu allen Stellungen zugelassen werden soll", vor allem nicht zum kirchlichen Amt und zu Staatsposten.

Wie einst Lueger seine Wahl zum Bürgermeister der Stadt Wien, so verdankten 1920 die Christlich-Sozialen ihren Sieg über die vorher regierenden Sozialdemokraten weitgehend der Mobilisierung antisemitischer Instinkte. Vor allem in Wien waren auf den Wahlplakaten „Geldjuden" und „rote Revolutionsjuden" zu sehen, den österreichischen Wappenadler erwürgte eine aus Geldsäcken bestehende Schlange mit jüdischem Kopf, und eine christlich-deutsche Heldengestalt stieß die das Volk an der Leine führenden jüdischen „Volksverführer" in den Abgrund. — 1923 waren es dann die Sozialdemokraten, die ihre verlorengegangene Führung im Nationalrat durch einen antisemitisch getönten Wahlkampf wiederzuerringen versuchten.

In der Wiener Kommunalpolitik war es der jüdische Anatom Julius *Tandler* (1869 bis 1936), der sich größte Verdienste um das öffentliche Gesundheitswesen erwarb, aber ebenso im Mittelpunkt heftigster antisemitischer Anfeindungen stand. Tandler war von 1920 bis 1934 amtsführender Wiener Stadtrat für das Wohlfahrtswesen. In dieser Funktion setzte er sich für den Bau von Kinderheimen, die Schwangeren- und Säuglingsfürsorge, die kostenlose Vergabe eines Säuglingswäschepaketes an jedes neugeborene Wiener Kind und für die Errichtung der Kinderübernahmestelle ein, die am 18. Juni 1925 an der Ecke Lustkandlgasse-Ayrenhoffgasse eröffnet wurde.

Christlichsoziales Wahlplakat aus dem Jahre 1920

Diese Einrichtung wurde zur zentralen Sammelstelle für Wiener Kinder in Notsituationen. Hier wurde ihre medizinische und psychologische Erstbehandlung durchgeführt, worauf sie dann entweder in ein Spital, Kinderheim oder zu Pflegeeltern oder wieder zurück in die Familie gebracht wurden. Tandler hatte sich zwar 1899 vor seiner Habilitierung taufen lassen, bewahrte aber zeitlebens seine jüdische Identität. In den zwanziger und frühen dreißiger Jahren sah sich Tandler daher sowohl als Wiener Stadtrat wie auf der Universität schweren antisemitischen Angriffen ausgesetzt. Sie erreichten ihren Höhepunkt im Februar 1931, als das Anatomische Institut von Studenten mit dem Ruf „Juden hinaus" gestürmt wurde.

Wie im altösterreichischen Reichstag waren die Wiener Juden auch noch in der Konstituierenden Nationalversammlung der Republik Deutschösterreich mit einer eigenen Partei vertreten: Die „Jüdischnationale Partei" hatte von 1907 bis 1918 drei Abgeordnete ins Parlament entsandt, die allerdings in galizischen Wahlkreisen gewählt waren. 1919 wurde dann in Wien selbst der aus Brünn stammende Robert Stricker (1879 bis 1944) in die republikanische Nationalversammlung gewählt. Bei den Wahlen von 1920 verloren die Jüdischnationalen dieses Mandat aufgrund des zuungunsten der kleineren Parteien geänderten Wahlrechtes. Seitdem gab es keine jüdische Vertretung im Parlament auf der Ringstraße mehr. Hingegen bestand von 1927 bis 1934 eine eigene „Jüdische Sozialistische Arbeiterjugend Österreichs" mit Schwerpunkt in Wien.

Unter den Wiener Juden wurde der Zionismus zur führenden Richtung. Anläßlich des XIV. Zionistenkongresses vom 18. bis 31. August 1925 fand im Konzerthaus eine Palästina-Ausstellung statt. Sie machte zum ersten Mal eine breitere Öffentlichkeit auf die dort von einem Häuflein jüdischer Menschen geleistete Aufbauarbeit aufmerksam. Den Antisemiten war das aber nur ein willkommener Anlaß zu schweren Ausschreitungen, die zahlreiche Verletzte forderten. Und in Innsbruck versammelte Bischof Sigismund Waitz katholische Akademiker aus Österreich und Deutschland auf einer Gegenkundgebung zu dem vom Wiener Zionistenkongreß ausgehenden „Fluch der jüdischen Weltgefahr". — Immerhin konnte der „Zionistische Wahlblock" 1932 die altliberale „Union österreichischer Juden" von der langjährigen Führung der Israelitischen Kultusgemeinde Wien verdrängen.

Seit der Besetzung Galiziens durch die Russen 1914/15 war die jüdische Bevölkerung Wiens sprunghaft um die Hälfte angestiegen. Und nach dem Ersten Weltkrieg zählte man in Wien von 38.772 mittellosen Flüchtlingen 34.223 Juden. Davon erbte das Wien der Zwischenkriegszeit ein jüdisches Arbeitslosenproletariat. Auch das bis dahin mühsam gewahrte Gleichgewicht in der Wiener Jüdischen Gemeinde kam in eine Zerreißprobe: Unter dem Druck der Massenzuwanderung aus dem Osten hatte sich das religiöskulturelle Erscheinungsbild der Wiener Kultusgemeinde verändert. Die chassidischen Rabbis mit ihren Anhängern, die ihre „Höfe" aus Sadagora und anderswo in der Bukowina und Galizien nach Wien verlegten, standen in exotischem Kontrast zum assimilierten oder zionistischen Judentum an der Donau. Wien wurde so zu einem Zentrum der „Agudas Jisroel", einer internationalen Vereinigung gesetzestreuer Juden, die sich nicht an den Wahlen zur Kultusgemeinde beteiligte.

Zu einem offenen Konflikt in ihrem Schoß kam es 1934/35, als nach einem Geheimerlaß des Ständestaates im jetzt „bundesunmittelbaren" Wien an einem Teil der allgemeinen Volks- und Oberschulen eine konfessionelle Klassentrennung durchgeführt wurde. Die neuen „jüdischen Sammelklassen" erhielten getaufte oder aus der jüdischen Gemeinschaft ausgetretene Lehrer zugeteilt. Die vom Präsidium der Kultusgemeinde zu Beginn des Schuljahrs 1935 eingereichte Protestschrift führte zwar zum Abbruch der „konfessionellen Reform", doch mußten die bereits bestehenden Sammelklassen für Juden fortbestehen. Von da an propagierten die Wiener Zionisten die „jüdische Gemeindeschule", was noch im selben Jahr zur Errichtung einer jüdischen Volksschule führte. Trotz öfterer Vorsprache bei den Bundeskanzlern Dollfuß und Schuschnigg konnte kein Bundesbeitrag für die Zwecke der jüdischen Religionsgemeinschaft erreicht werden, wie auch sonst den Wiener Juden Leistungen und Dienste, die ihnen als Gemeinde- und Staatsbürgern zugestanden wären, vorenthalten wurden. So erhielt das Rothschildspital der Israelitischen Kultusgemeinde für arme, nach Wien zuständige Juden keinen Beitrag, obwohl sich sonst die Stadtgemeinde an Spitalskosten bei nach Wien zuständigen mittellosen Bürgern beteiligte. Nicht zuständige mittellose Juden wurden weder in Krankenhäuser noch als Pfleglinge in Altersheime aufgenommen, auch wenn sie lange in Wien ansässig waren.

Ohne die Sorge für die Flüchtlinge aus Deutschland nach 1933 mitzuberücksichtigen, wuchsen in der Allgemeinen Fürsorge der Kultusgemeinde von 1932 bis 1936 rund 44.000 auf 60.000 Befürsorgte. Darunter in Not geratene Künstler und Intellektuelle, zugrunde gegangene Industrielle, Kaufleute und Gewerbetreibende, von denen viele früher bedeutende Kultussteuerzahler waren. Das Bild der christlich-sozialen und nationalsozialistischen Propaganda, die in den Wiener Juden die „Gewinnler" der Weltwirtschaftskrise hinstellen wollte, bricht angesichts dieser Zahlen wie ein Kartenhaus zusammen. Ende 1935 zählte Wien 47.782 jüdische Steuerträger, davon zirka 25.000 Kaufleute und Gewerbetreibende, 15.000 Angestellte und Arbeiter, 4500 freie Berufe (Ärzte, Rechtsanwälte, Künstler). Hingegen waren nur etwa 600 Juden Staatsangestellte und 150 Bedienstete der Gemeinde Wien. Auch im Bank- und Versicherungswesen wurden die Wiener Juden verdrängt. So kündigte die Österreichische Versicherungs

AG (OEVAG) bei Übernahme der „Phoenix" den Großteil der jüdischen Angestellten in leitenden wie untergeordneten Stellungen. Nur bei der Österreichischen Creditanstalt-Wiener Bankverein mußten auf Verlangen von Rechnungshof und Finanzministerium die jüdischen Fachleute belassen werden, weil ihre Fähigkeit allein den Zusammenbruch der überbeanspruchten Großbank hinauszögern konnte.

Die in die freien Berufe abströmende jüdische Intelligenz stieß an den Wiener Hochschulen auf Czermaks Arierparagraphen, an den Mittelschulen wurden bei den seltenen Neuanstellungen Juden geflissentlich übergangen. An den Theatern von Wien konnten sich nur international anerkannte jüdische Künstler behaupten. An Privattheatern konnte man auch jüdische Direktoren finden, auch in der Presse waren Juden stark vertreten. Selbst hier jedoch wurden jüdische Redakteure und Journalisten auf unpolitische Ressorts abgedrängt, im Lokalteil, dem Feuilleton, der Kunstkritik und dem Sport beschäftigt.

Die jüdische Selbsthilfe konnte den in Wien darbenden Künstlern und Intellektuellen das Fehlen regulärer Anstellungen nicht ersetzen. Immerhin errichtete Oskar Teller 1933 am Franz-Josephs-Kai 3 eine „Jüdische Kulturstelle und Volkshochschule". Auf ihrer Bühne kamen bis in den März 1938 Schauspieler und Gelehrte zu Wort, im Vorraum wurden Werke jüdischer Künstler ausgestellt.

Im letzten Geschäftsjahr der Wiener Kultusgemeinde vor dem „Anschluß" wurden zwei Millionen Schilling an Fürsorgeleistungen für die zunehmend verarmenden Juden der österreichischen Hauptstadt aufgewendet. 1936 und 1937 steuerten diese aber über 100.000 Schilling zur Unterstützung jüdischer Flüchtlinge aus Hitler-Deutschland bei.

Unter dem Hakenkreuz

Als Österreich im März 1938 an Hitler-Deutschland angeschlossen wurde, gab es noch fast 170.000 Wiener Juden. Ihre Zahl war schon seit 1934, als die letzte Volkszählung stattfand, um 9,4 Prozent zurückgegangen. Verantwortlich dafür waren Abwanderung in die Bundesländer, vor allem nach Niederösterreich und in die Steiermark, aber auch der Antisemitismus von Christlich-Sozialen wie illegalen Nationalsozialisten im faschistoiden „Ständestaat". Immerhin stand das religiöse, kulturelle, wirtschaftliche und soziale Leben des jüdischen Wien bis zum „Anschluß" an dritter Stelle in Europa. Es gab 88 religiöse und 356 weltliche jüdische Vereinigungen. Neben den 94 Synagogen und Bethäusern des eingesessenen Wiener Judentums bestand eine Vielzahl von „Klausen" und „Minjanim", Bet- und Lehrstuben der aus den habsburgischen Kronländern, Polen, der Ukraine und Rumänien Zugewanderten. Unter den weltlichen Vereinigungen lagen 120 jüdische Fürsorgevereine an der Spitze, gefolgt von 82 zionistischen Organisationen. Weiters hatten die jüdischen Wiener je 24 Berufs- und Kulturvereine, 23 Schulvereine, 22 Studentenvereine, elf Sportvereine, acht Gruppen des orthodoxen Bundes „Agudas Jisroel", sieben Landsmannschaften, je sechs Geselligkeits- und Sparvereine und drei Kameradschaften ehemaliger jüdischer Frontkämpfer.

In diese Welt brach nun der Nationalsozialismus verheerend ein. In Wien wurde binnen weniger Wochen „nachgeholt", was man sich im „Reich" während der letzten fünf Jahre an Judenhaß und Judenverfolgung geleistet hatte. Gleich nach dem 11. März 1938 kam es zu Verhaftungen, Plünderungen und der Beschlagnahmung von jüdischen Wohnungen, Geschäften und Betrieben. Der Präsident und der Vizepräsident der Wiener Kultusgemeinde wurden mit anderen Prominenten von der Gestapo verhaftet und ins Konzentrationslager Dachau transportiert. Hielten sich die Übergriffe der Nationalsozialisten gegen ihre politischen Gegner nach der ersten Phase einer „Herrschaft der Straße" bald wieder einigermaßen in Grenzen, so waren die Wiener Juden allein als Gesamtheit zur Verfolgung ausgesondert und der Willkür preisgegeben. Trotz Flucht und forcierter Auswanderung erhöhte sich ihre Zahl zunächst durch den über die Gaubehörden betriebenen Zwangsumzug der jüdischen Österreicher aus den Bundesländern. Für manche von ihnen wurde Wien zum Ort ihrer Rettung, von wo sie weiterreisen oder in Einzelfällen bis 1945 untertauchen konnten. Der letzte Rabbiner von Tirol und Vorarlberg zum Beispiel, Dr. Elimelech Rimalt, konnte über Wien nach Palästina gelangen, wo er es nach der Staatsgründung von Israel zum Minister brachte und die bis 1977 größte bürgerliche Partei der „Allgemeinen Zionisten" anführte. Die meisten waren aber nicht

Juden beim Straßenreiben
März 1938

so glücklich. Viele Juden aus den Bundesländern wurden am Westbahnhof erschossen, als der „Führer" nach Wien kam und es „an Platz mangelte".

Für andere wurde Wien nur Durchgangsstation ins KZ oder Vernichtungslager, erstmals für jene Tiroler Juden, die nach ihrer Zwangsausweisung Richtung Wien schon in der Silvesternacht 1939/40 in Buchenwald zu Tode gequält wurden: Betrunkene SS-Leute übergossen sie mit kaltem Wasser, bis sie zu Eis erstarrten. Sie wurden aber nicht gleich getötet, sondern „aufgeschlagen". Als ihre offizielle Todesursache im Laufe des Jänner 1940 wurde „Herzschwäche" angegeben.

Die Wiener Juden verloren zunächst trotz alledem den Mut nicht, ja nicht einmal den Humor. Aus beidem zogen sie die Kraft, wie ein Oberrabbiner Dr. Taglicht, beim aufoktroyierten Straßenwaschen im Gebetsmantel zu sprechen: „Was dem Herrn gefällt, gefällt auch mir!", oder die ganze „Reib-Aktion" der NS-Schergen zum Anlaß eines der letzten Wiener jüdischen Witze zu nehmen:

„Wissen S' schon: Der jüdisch-arabische Konflikt in Palästina wird dank dem Hitler bald beigelegt sein. Die Nazis haben eine Methode entwickelt, aus Juden A-Raber (Abreiber) zu machen!"

Aus nationalsozialistischer Sicht zählte Wien im Frühjahr 1938 auf einmal sogar rund eine Viertelmillion „Juden". Nach dem Grundsatz „Aus der Rasse kann man nicht austreten", oder weniger fein „Im Blut liegt die Schweinerei", sahen sich alle im letzten Jahrhundert christlich oder konfessionslos gewordenen jüdischen Familien, viele davon mit dem Adelsprädikat, aber auch die große Zahl der sogenannten „Judenstämmlinge" mit einem Schlag wieder zu der Schicksalsgemeinschaft verbunden, der sich ihre Vorfahren oder sie selbst durch die Taufe zu entziehen versucht hatten.

Einer der Hintergedanken des nationalsozialistischen Apparats bei solch weiter Ziehung des Rahmens „Jüdischkeit" war der Griff nach möglichst viel Wirtschaftskapital und Vermögen. Wir haben ähnliches wieder im Nahen Osten unter verschiedenen arabischen Regimen erlebt. Als Göring am 26. März 1938 in Wien eintraf, kümmerte er sich — nicht nur in seiner Rede — vornehmlich um die Entjudung der Wirtschaft. Darunter sollten allerdings weder die Exporte noch die deutschen Kapitalinteressen leiden. Dieser Grundzug von „Methode bei allem Wahnsinn", wie es Karl Stuhlpfarrer nennt, hat dem Holocaust in Wien bis zu seinem schrecklichen Ende besonders bizarre Züge aufgeprägt.

Bis zum 21. Juni 1938 konnte sich die Staatspolizeistelle Wien allein an Bargeld und Geldwerten rund vier Millionen Reichsmark aneignen, das ohne Wohnungen und Betriebe im Wert von mehreren Millionen. Im Verlauf weniger Monate hatte Wien das „Reich" in der Verdrängung aller Juden aus der Wirtschaft nicht nur ein-, sondern in Hinblick auf die angestrebte zentrale Zwangsarisierung überholt. Diese „Arisierung" ging in der Regel so vor sich, daß dem jüdischen Eigentümer ein Kaufpreis zugestanden wurde, der erheblich unter dem Wert lag und von dem noch eine hohe „Ausgleichsabgabe" an den NS-Staat abgezogen wurde. In der Regel wurde weniger als die Hälfte des Betriebsvermögens vergütet. Aus Wiener Gestapo-Protokollen geht hervor, daß sich Häftlinge „beim Verhör bereiterklärten", millionenschwere Besitztümer für wenige Tausend Mark zu „verkaufen". Kostbare Teppiche wurden damals unter den Wiener Nazis — und anderen Arisierungs-Gewinnlern — um 5 RM den Quadratmeter gehandelt.

Kein Wunder, daß auch die „Reichskristallnacht" im November 1938 in Wien „nur" eine Verschärfung des bisherigen Pogroms und keinen Einschnitt in den bisherigen Überlebensbedingungen wie in Deutschland bedeutete. Ständige Überfälle auf Juden und jüdische Einrichtungen, besonders in dem von den Wiener Juden am dichtesten bevölkerten Bezirk, der Leopoldstadt, waren an der Tagesordnung. Schon am 5. Oktober 1938 hatte die NSDAP in einer von oben angeordneten „spontanen" Massenaktion ganz nach dem späteren Schema der November-Untaten versucht, die Wiener Juden an die tschechische Grenze zu vertreiben. Dennoch trafen die dann von Goebbels und Heydrich im „ganzen Reich" angeordneten Ausbrüche „der kochenden Volksseele" die Juden von Wien äußerst hart: Synagogen wurden zerstört und in Brand gesteckt, unersetzliche Kult- und Kunstgegenstände vernichtet, die Juden aus ihren Wohnungen vertrieben, verhaftet und zu Sammelstellen gebracht. Dort wurden sie mißhandelt, getötet oder zum Selbstmord getrieben, 4600 von ihnen in das KZ Dachau abtransportiert.

Bei der nationalsozialistischen Judenverfolgung und -ausrottung in Wien tobten sich aber nicht nur die niedrigsten Instinkte aus. An den Schaltstellen saßen eiskalte Rechner, die in den Juden nichts als eine Ware betrachteten. Mit den Menschen selbst begann nun — nachdem man ihre Habe an sich gerissen hatte — ein mieses Geschäft: Was als Abschub ins Ausland gegen Devisen-Freikauf begann, endete mit der Ausschlachtung ihrer Goldzähne, Haare und sogar ihrer Körper zur Seifengewinnung. Für diesen Weg war von Anfang an ein Mann verantwortlich: Adolf Eichmann, vor seinem Einsatz als „Endlösungs-Spezialist" Leiter der „Zentralstelle für jüdische Auswanderung" in Wien. Seine aus Erpressung und Austreibung gemischten Methoden erreichten von Anfang an den gewünschten Erfolg. Hatten bis Ende Juli 1938 nur an die 15.000 Juden Wien verlassen, so waren es ein Jahr nach dem Anschluß schon weitere 90.000, worauf bis Ende 1939 weitere 120.000 folgten. Diese „Auswanderung" kostete die Nazis nicht die geringste finanzielle Gegenleistung, nicht einmal eine ohnedies erwünschte Exportsteigerung auf dem Kompensa-

Die Reichskristallnacht in Wien
10. November 1938
13. Bezirk, Neue-Welt-Gasse

Präsident Dr. Josef Löwenherz während der SS-Hausdurchsuchung
in den Amtsräumen der Israelitischen Kultusgemeinde
18. März 1938

tionswege. Im Gegenteil flossen ihnen allein für die Auswanderung von Wiener Juden als „Auslösung" durch jüdische Organisationen bis nach dem Polen-Krieg über 1,6 Millionen Dollar zu. Nachher belief sich die von Eichmann monatlich vom „Weltjudentum" erpreßte Summe auf immer noch gut 100.000 Dollar.

Für diese Geschäfte brauchte der „Juden-Fachmann" die Mittler-Rolle der Wiener Kultusgemeinde. Ihr wurde daher — zum Unterschied von allen anderen — die Anerkennung als öffentlich-rechtliche Körperschaft nicht entzogen. Unter der Leitung von Dr. Josef Löwenherz hatte sie mehr und mehr die Hauptlast für die Versorgung und Betreuung der in Wien zurückgebliebenen Glaubensjuden zu tragen. Die Möglichkeiten, Arbeit zu finden, wurden immer geringer, in der Gemeinde bahnte sich ein richtiger Verelendungsprozeß an. Ein Krankenhaus, sechs Altersheime und sechs Jugendstätten mußten mit eigenen, immer knapperen Mitteln geführt werden. Dazu kam — bis zum Verbot des jüdischen Unterrichts — die Erhaltung von Pflichtschulen und eines Gymnasiums nach der Vertreibung aller jüdischen Schüler aus den öffentlichen Schulen. Dazu waren nach dem Erschöpfen der meisten Emigrationsmöglichkeiten täglich 24.000 Juden über 15 Ausspeisestellen zu verpflegen. Dazu kamen noch die Alten und Kranken, die Eichmann auf „Aussterbe-Etat" gesetzt hatte. Für die christlichen „Nicht-Arier" wurde wenigstens jetzt von ihren Kirchen gesorgt. Der einsame Juden-Freund des Ständestaates, aber Heil-Hitler-Schwächling von 1938, Kardinal Innitzer, errichtete im Dezember 1940 in seinem Palais die „Erzbischöfliche Hilfsstelle für nichtarische Katholiken", an deren Spitze bis zum Kriegsende der verdiente Jesuit P. Ludger Born steht. Auch die Haltung der evangelischen Christen unterschied sich bald wohltuend von der anfänglichen Deutschtümelei ihres Oberkirchenrates, der Hitler am 17. März 1938 „als Retter aus fünfjähriger schwerster Not nach einer Unterdrückung" begrüßt hatte, „die die schrecklichsten Zeiten der Gegenreformation wiederaufleben ließ". Die „Schwedische Mission" und die „Gildemeester Auswanderungs-Hilfsaktion" haben sich große Verdienste erworben, die sich nicht nur auf die evangelisch getauften Juden in Wien beschränkten. Zwischen allen Stühlen blieben hingegen die Konfessionslosen jüdischer Herkunft. Sie fanden bald zum linken beziehungsweise kommunistischen Untergrund.

„Herrschaft der Straße", Arisierung und Zwangsauswanderung waren aber nur der Auftakt für die „Endlösung". Erster Schritt dazu war die schon am 21. September 1939 befohlene Deportation nach Polen. Ihrer ersten Welle fielen aus Wien 1584 Juden zum Opfer. Im Frühjahr 1941 folgten 5000 weitere, was der Wiener Reichsstatthalter Baldur von Schirach mit der „Wohnungsnot" begründete.

Nachdem den Wiener Juden im Oktober 1941 die Auswanderung verboten und im November auch die deutsche Staatsbürgerschaft aberkannt worden war, begannen auch aus Wien die Todeszüge nach dem Osten systematisch zu rollen. Zwischen Ende 1941 und dem Zusammenbruch der nationalsozialistischen Okkupation wurden 40.000 Wiener jüdischen Glaubens oder jüdischer Abstammung ins Ghetto von Lodz, nach Riga, Minsk, Izbica, Theresienstadt und vor allem nach Auschwitz verfrachtet. Fast alle von ihnen sind auf dem Transport, in den Lagern und Gaskammern umgekommen. Noch am Tag vor der Befreiung Wiens, am 12. April 1945, sind die letzten Opfer zu beklagen: Die vor den Russen zurückweichende SS stöberte in der Förstergasse des II. Bezirks neun dort versteckte Juden auf. Sie wurden an die Wand gestellt und erschossen.

Alle diese Verbrechen dürfen weder vergessen noch beschönigt werden. Ebenso unvergessen bleibt jedoch, was Wienerinnen und Wiener in jenen Schreckens- und Wahnsinnsjahren unter Einsatz ihres eigenen Lebens zur Rettung von jüdischen Mitbürgern getan haben. Stellvertretend für viele andere seien hier nur Frau Anna-Maria Haas, Frau Lucia Pollreisz und Hofrat Roman Erich Petsche erwähnt. Sie sind dafür am 30. November 1983 im Jüdischen Gemeindezentrum von Wien durch den Bundespräsidenten und den israelischen Botschafter Michael Elizur geehrt worden. Frau Haas half jüdischen Familien, sich in Wien zu verstecken. Unter höchsten Gefahren und oft unter den abenteuerlichsten Begleitumständen brachte sie Nahrungsmittel zu den jeweils vereinbarten Treffpunkten. In Wien lebt heute Dr. Fritz Rubin-Bittermann, der damals als Versteckter zur Welt kam. Er verdankt sein Leben der Milch, die die unermüdliche Frau Haas auftrieb. Frau Pollreisz gab drei jüdischen Menschen Unterkunft, Verpflegung und Arbeit, was ihnen ermöglichte, in Wien zwischen den Jahren 1942 und 1945 als „U-Boote" zu leben und zu überleben. Hofrat Petsche ist nicht nur in Wien als Helfer der Juden in Erinnerung. Er hat vor allem vielen Juden von Novi Sad nach dessen Besetzung durch die Deutschen im Juni 1944 das Leben gerettet, die er in Militärwagen zum Bahnhof oder in die Sicherheit eines Klosters brachte. Ein fünfjähriges Mädchen wurde von ihm als eigene Tochter ausgegeben.

Solche Menschen haben nicht nur ihre Heimatstadt Wien, sie haben die Welt bereichert. Ihre Taten haben in diesen finstersten Zeiten für das jüdische Wien Menschenleben erhalten und bestärken uns heute im Glauben an die menschliche Güte, ohne den Blick und Gang in die Zukunft unerträglich wären.

Razzia am 18. März 1938
1. Bezirk, Rabensteiggasse

Jüdisches Wien — Gegenwart und Zukunft

Ein Vierteljahrhundert nach der nationalsozialistischen Katastrophe, die den Untergang des jüdischen Wien mit sich bringen sollte, hat sich dieses wieder einigermaßen gefestigt. In der Stadt leben über 6000 jüdische Mitbürger. In dieser — im Vergleich zur Zeit zwischen 1859 und 1938 geringen — Zahl bewohnen sie aber wieder die alten jüdischen Zentren, den I., II., IX. und XX. Bezirk. Am stärksten ist ihre frühere Vielfalt im religiösen Bereich erhalten, wo zu den Synagogen der Kultusgemeinde, des „Agudas Jisroel" und des „Misrachi" eine ganze Reihe von ostjüdischen und chassidischen Bethäusern kommen. Auch die Tradition der „türkischen Gemeinde" ist mit einem sefardischen Bethaus lebendig. Von den nichtreligiösen und nichtzionistischen Vereinen entfalten vor allem die „Jüdischen Akademiker Österreichs" und die „Vereinigung Jüdischer Hochschüler in Österreich" kulturelle Aktivitäten, die der großen geistigen Tradition des Wiener Judentums würdig sind. Von ihnen wird auch die Zeitschrift „Das Jüdische Echo" herausgegeben. Als Organ der Kultusgemeinde erscheint „Die Gemeinde", die Orthodoxen Wiens lesen „Heruth". Der Orden der „Bnai Brith" (Bne Briss) ist mit seiner 1922 gegründeten Wiener Großloge vertreten.

Die Organisation der Gemeinde liegt in den Händen der 1890 gegründeten Israelitischen Kultusgemeinde Wien, deren Vorläuferinstitutionen bis auf den 1389 im Judenbuch der Scheffstraße belegten „Judenmeister" Lesier zurückreichen. Während die Verwaltung der Kultusgemeinde nach Döbling in die Bauernfeldgasse verlegt wurde, wo sich jetzt auch das Jüdische Altersheim befindet, und die Jüdische Jugendorganisation am Währinger Gürtel zu Hause ist, haben die Wiener Juden ein neues Gemeindezentrum in der Seitenstettengasse 2 neben dem Stadttempel erhalten. Nimmt man dort an einer Chanukka-Feier teil, so beweisen einem die vielen Kinder, daß dieses jüdische Wien eine Zukunft hat. Eine Zukunft, die allerdings von allen Wienern mit gewährleistet werden muß.

Jüdisches Buch- und Zeitungswesen in Wien

Die Talmudschulen und jüdischen Gelehrtenklausen des mittelalterlichen Wien verfügten zweifellos über bedeutende Bibliotheken, und ebenso wurden in ihnen Handschriften angefertigt. Fast alles davon ist der Wiener Geserah von 1420/21, wenn nicht schon dem Brand der ersten Wiener Judenstadt am 5. November 1406, zum Opfer gefallen. Nach der Vertreibung kamen verschiedene hebräische Schriftstücke in die Hände von Mönchen. In ihrem Unverstand und Pergamentmangel schlugen sie oft ihre Verwaltungsbücher darin ein. Besonders das Schottenkloster, die Augustiner und das Wiener Bürgerspital bedienten sich dieser Methode. Meistens enthalten diese Fragmente Texte aus der Thora, die allerdings nicht aus Rollen, sondern aus Büchern stammen. Einige Reste davon finden sich heute im Wiener Stadt- und Landesarchiv.

Die Drucklegung hebräischer Werke und Schriften war in Wien während der Ghetto- und Hofjudenzeit des 17. und 18. Jahrhunderts nicht gestattet. Die Anfertigung hebräischer Handschriften hielt sich daher hier noch lange nach der Ausbreitung der Buchdruckerkunst. Die British Library in London verwahrt unter ihren Hebraica ein 1720 in Wien geschriebenes Gebetbuch nach dem aschkenasischen Ritus. Es enthält den Vermerk: „Wurde geschrieben unter der Regierung unseres Herrn, des höchst erhabenen Kaisers, des starken und frommen, Karls VI., gepriesen sei seine Herrlichkeit und erhaben seine Herrschaft. Der Herr möge ihn dazu bestimmen, uns und unseren Brüdern, den Israeliten, die in seinem Reiche wohnen, Gutes zu tun. In seinen und unseren Tagen möge Juda erlöst werden und Israel möge in Sicherheit wohnen, jeder bei seinem Rebstock und Feigenbaum. Amen. Unsere Augen mögen schauen Deine Rückkehr nach Zion in Erbarmen. Hier in Wien..."

Die Zulassung der ersten hebräischen Druckerei in Wien fällt nicht etwa mit der Toleranzgesetzgebung Josephs II., sondern umgekehrt mit dem 1800 erlassenen Einfuhrverbot für hebräische Bücher — meist aus Deutschland, den Niederlanden und Italien — nach Österreich zusammen. Wiens erste hebräische Druckerei und Verlagsanstalt am Strudelhof 267 war in der christlichen Hand des Anton Edlen von Schmid. Mit ihren Gebetbuchausgaben (Vierbändiger Machzor mit deutscher Übersetzung, 1800), Haggadot (erste Pessach-Haggadah mit Kupferstichen, 1801) und hebräischen Bibeln (20bändige Bibelausgabe 1817/18 mit Moses Mendelssohn, Hartwig Wessely und Herz Homberg als „gelehrten Bearbeitern") konnte Wien bald die bisherige Vorrangstellung von Preußen als Hauptverlagsort hebräischer Druckwerke einnehmen. Auf dem Gebiet jüdisch-religiöser und vor allem liturgischer Texte erlangte dann Joseph Schlesinger in der Seitenstettengasse 5 eine fast weltweite Exklusivität. Besonders seine Machzor-Ausgaben („Festgebete der Israeliten") sind bis heute in allen aschkenasischen Gemeinden verbreitet. Bei Schlesinger erschien noch 1938 das letzte hebräische Buch Wiens „Made in Germany".

Schon die Korrektoren der Schmid'schen Buchdruckerei, größtenteils Hebraisten aus Galizien, Ungarn und den Sudetenländern, waren die ersten Vertreter eines säkulären hebräischen Schrifttums in Wien. Hier erschien zwölf Jahre lang das aufklärerische Jahrbuch „Bikkure ha-ittim" (Erstlinge der Zeiten) mit dem deutschen Untertitel „Ein nützliches und lehrreiches Geschäfts- und Unterhaltungsbuch für das Jahr ... zum Neujahrsgeschenk für gebildete Hausväter und Hausmütter, als Prämienbuch für die fleißige Jugend". Mit Jehuda Jeiteles (1773 bis 1838) aus Prag stieg in die Redaktion der letzten drei Jahrbücher eine ebenso wissenschaftlich gebildete wie dynamische Persönlichkeit ein. Er stammte aus einer Familie hebräischer Schriftsteller und war ein treuer Anhänger der Habsburger, denen er bei jedem Anlaß Dank- und Lobgedichte auf Hebräisch widmete. Unter seiner Leitung erreichten die „Bikurre ha-ittim" ihren Höhepunkt. Der deutschsprachige Teil in hebräischen Lettern wurde zugunsten des hebräischsprachigen reduziert.

Von 1833 bis 1857 erschien dann unter dem Motto „Weniger Schöngeisterei und mehr Wissenschaftlichkeit" der „Kerem chemed" (Der liebliche Weinberg) unter der Redaktion von Goldenberg und Sachs. Krochmals Arbeiten über das Judentum als eine überzeitliche, allgemeine Religion sowie seine Bedeutung im Licht der hegelianischen Philosophie gaben der Zeitschrift ihr besonderes Gewicht.

Im selben Jahr 1855, in dem Sachs nach dem Tode Goldenbergs am letzten Band des „Kerem chemed" arbeitete, begann Ignatz Blumenfeld (1812 bis 1890) aus Brody mit Herausgabe der Zeitschrift „Ozar nechmad" (Lieblicher Schatz). Auch hier zählten die besten Hebraisten aus der Monarchie, Deutschland und Rußland zu den Mitarbeitern.

Die erste Wiener Zeitung unter jüdischer Redaktion waren die seit 1842 von Ludwig August Frankl herausgegebenen „Sonntagsblätter". Von April bis Oktober 1848 erschien das „Österreichische Central-Organ für Glaubensfreiheit, Cultur, Geschichte und Literatur der Juden". Nach der Revolution gab Ignaz Kuranda die „Ostdeutsche Post" heraus. Das Blatt vertrat konservative bis gemäßigt liberale Ideen, war für Großdeutschland und die volle Gleichberechtigung der Juden. Sie war neben der „Presse" die einzige unabhängige Wiener Zeitung, die auch im Ausland Beachtung fand.

Leopold Kompert und Simon Szantó gründeten 1861 die liberale „Neuzeit", eine Wochenzeitung, die religiösen Reformen des Judentums zuneigte. Ab 1884 erschien die „Österreichische Wochenschrift — Central-

זה השער לה' צדיקים יבאו בו

מחזור

לראש השנה

מנהג ספרד

בקהילות קדושות קונסטאנטינה

ומדינות

מזרח ומערב ואיטליא יצ״ו

פוֹקֵן וְחֵזוּ. יראו צדיקים וישמחו ישרים ויעלזו. אשר הכינותי
לעם וו. פה נאספו העדרים. פירושים נהדרים. מסודרים וספורים.
הלא המה מדברי הגאון יעב״ץ ושל״ה הקדוש דברים
טהורים. ושארי קדושים מדור דורים. והג״ה מתוקת ונבונה.
עולה על כלנה. כאשר יראה הקורא בעין תבונה ؛

טשאטי אין כוטיקא דיל סי׳ יוסף שלעזינגער זע ב״וינא.

שנת תֹּזֹכֹּר לפ״ק

❦

WIENA, 5637.

Machsor Tom. I.

Wien, 1887.
Verlag von Josef Schlesinger's Buchhandlung.
(Stadt, Seitenstettengasse Nr. 5.)

Der Wiener Verlag Josef Schlesinger
hatte auf der ganzen Welt eine Art Monopol für das mosaische Schrifttum

organ für die gesamten Interessen des Judenthumes". Der Rabbiner und Arbeiterbildner von Floridsdorf Josef Samuel Bloch war der Gründer des Blattes, das 37 Jahre lang bestand und sich als „das" Organ der Wiener Juden gegen den Antisemitismus der Christlich-Sozialen, aber anfänglich auch gegen den Zionismus wandte.

Theodor Herzl gründete 1897, neben seiner Tätigkeit bei der „Neuen Freien Presse", ein eigenes Blatt als Sprachrohr seiner zionistischen Ideen: „Die Welt". Sie ist die einzige der Alt-Wiener jüdischen Zeitungen, die heute noch — beziehungsweise wieder — erscheint.

Bei fast der gesamten führenden Wiener Tagespresse waren jüdische Journalisten die Gründer oder wichtigsten Mitarbeiter, ohne daß man deswegen von einer „jüdischen Presse" sprechen konnte. Ihre lange Reihe eröffnete am 3. Juli 1848 die „Presse", die ab 1864 von der „Neuen Freien Presse" überflügelt und später völlig ersetzt wurde. Dasselbe gilt für das „Fremden-blatt", die „Morgenpost", das „Neue Wiener Tagblatt", die „Wiener Allge-meine Zeitung", das „Illustrierte Wiener Extrablatt", das „Neue Wiener Journal" und auch für die „Arbeiter-Zeitung".

Unter den jüdischen Fachzeitschriften verdient das „Mitteilungsblatt der Vereinigung jüdischer Ärzte in Wien" Erwähnung. Diese Vereinigung bestand von 1913 bis 1938 und gab diese Mitteilungen ab 1933 heraus. Sie sind immer noch für die Geschichte der jüdischen Medizin und ärztliche Aspekte der jüdischen Besiedlung Palästinas in der Pionierzeit wichtig.

Auch an einen jüdischen Wiener Märtyrerjournalisten der zwanziger Jahre sei erinnert: Hugo *Bettauer* (1872 bis 1925), bekannter als Autor des Romanes „Die Stadt ohne Juden". Als Herausgeber der Zeitschriften „Er und Sie", danach „Bettauers Wochenschrift", kämpfte er für die Emanzi-pation der modernen Frau im allgemeinen und die Liberalisierung des Schwangerschaftsabbruchs im besonderen. In den Augen „völkischer" und katholischer Kreise wurde Bettauer daher zum Inbegriff der Unmoral und Pornografie. Der Mittelschullehrer Kaspar Hellering, ein fanatischer Deutschnationaler, rief daher zur „Lynchjustiz an dem Schänder unseres Volkes" auf. Diesem Aufruf kam der frühe Nationalsozialist und radikale Antisemit Otto Rothstock am 10. März 1925 nach: Er schoß auf Bettauer in dessen Büro. — Der Dozent, Schriftsteller und Korrespondent erlag am 26. März seinen Verletzungen, der Mörder wurde schon nach eineinhalb Jahren in einer Heilanstalt wieder freigelassen.

Jüdische Kunst in Wien

Eines der wichtigsten Denkmäler jüdischer Kunst in Wien ist der Stadttempel in der Seitenstettengasse, der 1826 vollendet wurde. Das Bethaus
mußte außen mit einer profanen Fassade getarnt werden, da die engherzige
Bürokratie des Vormärz keinen öffentlichen Straßenzugang für den Ver-
sammlungsort einer eben nur „tolerierten" Konfession zuließ. Architekt
war Josef Kornhäusel, der Modebaumeister des Wiener Biedermeier. Er
entschied sich für einen von ionischen Säulen getragenen Ovalraum, der
ebenso Erinnerungen an die große Wiener Barockarchitektur wie an die im
Klassizismus beliebte Anlehnung an die Antike beschwört. Die Kuppel,
durch die das Licht in den Raum strömt, gemahnt an das römische Pan-
theon — Hinweis auf eine über den verschiedenen Religionsformen stehende Einheit. Heute ist der renovierte Seitenstettentempel, der als einzige
Wiener Synagoge der völligen Zerstörung in der Katastrophe von 1938 ent-
ging, ein Denkmal der Blütezeit Altwiener Kultur.
Bei den sonst in Wien erbauten Synagogen waren dann unter dem Einfluß
des Historismus die selbständigen Baugedanken eher bescheiden. So wurde
der Tempel in der Leopoldstadt von Ludwig Förster im sogenannten „mau-
rischen Stil" errichtet, der an die spanisch-arabische Blütezeit des Judentums erinnern sollte. Max Fleischer (1841 bis 1905) und Wilhelm Stiassny
(1842 bis 1910) waren die beiden aus der Schule der großen Ringstraßen-
architekten kommenden Baumeister des Wiener Judentums, die mit techni-
scher Perfektion, aber ohne innere Beziehung in jedem gewünschten Stil
gebaut haben.
Auch ein Rundgang durch die alten Wiener Friedhöfe zeigt ein ähnliches
Bild: Qualität wurde vielfach durch Quantität ersetzt. Vergleicht man die
Grabmäler des Währinger Friedhofs, der jenem in der Roßau nachgefolgt
war, in ihrer eleganten Schlichtheit mit den aufwendigen Mausoleen des
ausgehenden 19. Jahrhunderts auf dem Zentralfriedhof, so wird man hier
angesichts der überladenen neugotischen Denkmäler einen gewissen künst-
lerischen Verfall bedauern müssen. Auch das jüdische Kunstgewerbe dieser
Zeit — Josef Wertheimer hatte in Wien den „Verein zur Beförderung der
Handwerke unter den Israeliten" ins Leben gerufen — kann sich trotz
erheblichem materiellen Mehraufwand keineswegs mit den stilvollen
Schöpfungen von Klassizismus und Empire in der ersten Hälfte des 19.
Jahrhunderts messen. Die Neugotik war eben kein Stil, in dem jüdische
Inhalte vermittelt werden konnten.

In der Malerei hingegen bahnten sich Entwicklungen an, die in die
Moderne hinüberführten. Als erster bewußt jüdischer Maler wurde im

deutschen Sprachraum Moritz *Oppenheim* (1800 bis 1882) populär. Wie sehr er — neben seinem berühmten und als Reproduktion in allen bürgerlichen jüdischen Häusern hängenden „Sabbatnachmittag" — auch bei profanen Themen zu dramatischer Steigerung des Ausdrucks fähig war, zeigt sein „König Lear" — heute in der Sammlung Berger in Wien.

Isidor *Kaufmann* (1853 bis 1921) pflegte in Wien die Genremalerei. Seine realistische Malweise, die allerdings die soziale und menschliche Problematik des zeitgenössischen Judentums verharmloste, führte die Typen der kleinen, aber noch heilen Welt des Ghettos vor.

Der Pionier der Kunst des zukünftigen Israel wurde Boris *Schatz* (1866 bis 1932). Schatz rief dann 1906 in Jerusalem die Bezalel-Schule für Kunst und Kunsthandwerk ins Leben. Unter seinen Händen und unter seiner Leitung entstanden Kunstwerke, die den geistigen und politischen Aufbruch des Judentums im Zionismus zum Inhalt haben. Als bedeutendstes Mitglied der Bezalel-Schule hat Lazar Krestin in Wien gewirkt, den sein Lebensweg aus Rußland über die Donaumetropole nach Palästina führte.

Für die künstlerischen Entwicklungsmöglichkeiten dieser Generation ist auch das Œuvre von Jehudo *Epstein* (1870 bis 1945) bezeichnend. Es ist heute wieder in Wien durch die Sammlung Berger mit wichtigen Werken präsent, nachdem es um die Jahrhundertwende von Ausläufern der Makart-Schule beeinflußt worden war. „David harfespielend vor König Saul" wurde 1896 für die Wiener Akademie geschaffen.

Victor *Tischler* (geb. 1890 in Wien, gest. 1951) war Mitglied der bedeutenden Wiener Künstlergruppe „Hagenbund" und schuf während seines Aufenthalts in Südfrankreich in der Tradition Cézannes stehende Landschaftsdarstellungen.

Der Wiener *Max Oppenheimer,* genannt „Mopp" (1885 bis 1954) wurde wegweisend für den Brückenschlag von den traditionellen Stilformen des 19. Jahrhunderts zur Moderne.

1893 wurde in Wien die „Gesellschaft für Sammlung und Konservierung von Kunst- und historischen Denkmälern des Judentums" gegründet. 1895 wurde in der Praterstraße das „Jüdische Museum" erbaut. 1911 übersiedelte es in die Malzgasse. In verhältnismäßig kurzer Zeit umfaßte das Museum über 3000 Ausstellungsstücke. Im Mittelpunkt stand die von Isidor Kaufmann gestaltete „Gute Stube", die Sabbatstimmung im altjüdischen Haus vermittelte. — Nach 1945 konnten nur noch zwei Kisten aus den Beständen des von den Nazis verschleppten oder vernichteten Museumsbestandes aufgefunden werden. Ihr Inhalt ist heute im Haus der Israelitischen Kultusgemeinde Wien in der Bauernfeldgasse ausgestellt, kann aber kaum mehr eine Vorstellung von der Fülle des einst Vorhandenen geben.

68

Moritz Oppenheim
König Lear
1849, Sammlung Max Berger, Wien

Gleichzeitig mit der Errichtung des Museums bemühte man sich in Wien um die Erforschung der jüdischen Kunstgeschichte. Die von David Kaufmann, David Heinrich Müller und Julius von Schlosser 1898 besorgte Faksimile-Ausgabe der berühmten Haggadah von Sarajewo war beispielhaft für die spätere fotografische Dokumentation jüdischer Kunst.

Einer der größten Sammler jüdischer Kunst in Wien war Albert *Figdor* (1843 bis 1927). Er hatte noch vor dem Ersten Weltkrieg dem Kaiserhaus das Angebot gemacht, seine Sammlung dem Wiener Kunsthistorischen Museum zu vermachen. Da sein verständlicher Wunsch, daß das großzügige Legat mit seinem Namen bezeichnet werden sollte, auf den Widerstand einer engstirnigen Hofkamarilla stieß, kam es aber nicht dazu. Die Figdor-Sammlung wurde 1930 versteigert. Es ist überhaupt ein seltsames Phänomen, daß kein öffentliches Museum Wiens, wie etwa das Kunsthistorische Museum oder das Museum für angewandte Kunst, jemals jüdische Kultgeräte sammelte, obwohl an deren künstlerischer Qualifikation kein Zweifel bestehen konnte. Die kleine Kollektion des Volkskundlichen Museums wird im Depot verwahrt. Eine Ausnahme bildet nur die Sammlung hebräischer Handschriften in der Österreichischen Nationalbibliothek.

Erst mit der Sammlung Max *Berger* ist hier in Wien nach dem Holocaust der Grundstein für einen Neubeginn gelegt worden. Mit ihren über 2500 Objekten ist sie heute (1984) schon fast ebenso reichhaltig wie das alte „Jüdische Museum". Obwohl sie schon 1976 anläßlich der 150-Jahr-Feier des Stadttempels der Wiener Öffentlichkeit durch eine Ausstellung im Alten Rathaus vorgestellt wurde, ist die Sammlung auf der Ringstraße für ihre Schönheit und Bedeutung noch viel zuwenig bekannt, wenn sie auch längst zu einem Geheimtip für Kenner geworden ist.

Besonimbüchsen
Von den Juden bei der Vertreibung im 17. Jahrhundert in Sicherheit gebracht
und später nach Wien zurückgeholt
Sammlung Max Berger, Wien

Jüdische Wiener in Kultur, Wissenschaft und öffentlichem Leben

Zum Ruf Wiens als Stadt der Musik haben jüdische Wiener ganz entscheidend beigetragen. Nicht nur in den typisch wienerisch-jüdischen Genres der Operette und kabarettistischen Kleinkunst oder durch Meister der ernsten Musik wie Gustav Mahler, Alban Berg oder Arnold Schönberg. Auch etwas so „Artverbundenes" wie das Wienerlied hat seine brillianten jüdischen Vertreter.

Gustav *Mahler* (1860 bis 1911), der sich noch taufen lassen mußte, um 1897 Wiener Hofoperndirektor werden zu können, blieb mit seinem Opus den jüdischen Zeitgenossen fast ebenso fremd wie den restlichen Wienern. Nach jüngsten Forschungen des israelischen Musikwissenschafters Yehuda Walter Cohen wurde Mahler seinerzeit in Wien deshalb nicht verstanden, weil viel in seiner Musik, ohne daß er es wußte und wollte, jüdisch war. Viele Elemente, die die modernen israelischen Komponisten verwenden, um ihrer Musik eine spezielle jüdische Farbe zu verleihen, finden sich bereits bei Mahler.

Arnold *Schönberg* (1874 bis 1951) hatte sich wie Mahler vom Judentum abgekehrt, hat aber später wieder zu diesem zurückgefunden. Die Bedeutung des Begründers der atonalen Musik und aller modernen Techniken, die auf dem Zwölf-Ton-System basieren, als typisch jüdischer Komponist liegt hauptsächlich in der Oper „Moses und Aaron" sowie den Vertonungen des „Kol Nidre"-Gebetes und des Psalms „Aus den Tiefen".

In Wien vergessen sind heute die rauschenden Opernerfolge Karl Goldmarks (1830 bis 1914), in Israel ist jedoch „Die Königin von Saba" neu entdeckt worden.

Angesichts der fast lückenlosen Dominanz jüdischer Komponisten, Librettisten und Darsteller in der Silbernen Wiener Operettenzeit, die hier gar nicht aufgezählt werden können, ist es erstaunlich, daß nur zwei Operetten jüdische Themen behandeln: Lehárs Frühwerk „Der Rastelbinder" und die heute fast unbekannte Produktion aus dem Ersten Weltkrieg „Hotel Stadt Lemberg" mit dem jiddischen Couplet „Wir klajnen Lajt".

Ein Hauch von der bunten Welt musikalisch-kabarettistischer Kleinkunst aus dem jüdischen Wien der Zwischenkriegszeit hat wenigstens mit dem unvergeßlichen Karl Farkas noch in unsere Tage hineingeweht. Heute erinnert nur mehr der „Simpl" in der Wollzeile an die Tradition eines „Lieben Augustin" (Ecke Stubenring Luegerplatz), der „Literatur am Naschmarkt", der zwischen dem Café Döblingerhof und dem Café Colonnaden (Reichsratsstraße) auf Wanderschaft befindlichen „Stachelbeere", des

Louis Treumann als Jude Pfefferkorn
in Franz Lehárs Operette „Der Rastelbinder"

„ABC" an der Ecke Porzellangasse/Berggasse oder des „Jüdisch-Politischen Kabaretts" im heutigen Gewerkschaftshaus hinter dem Verkehrsbüro, wo „Rassisches und Klassisches" oder „Horuck nach Palästina" aufgeführt wurden.

Der jüdische Beitrag zum Wienerlied beweist besonders schön, daß sich — wie der Fachmann Harry Zohn schreibt — „Tausende und Abertausende der in Wien lebenden Juden als echte Wiener und nicht bloß als Buko-Wiener verstanden". Es nimmt also nicht wunder, daß unter den Verfassern und Interpreten von Wienerliedern Juden an führender Stelle begegnen. Wer weiß schon, daß das urwienerische „Fiakerlied" den jüdischen Wiener Gustav Pick zum Urheber hat; ein Hermann Leopoldi stammte aus der jüdischen Musikerfamilie Kohn; Alexander Krakauer ist leider viel zu früh verstorben. Und wenigstens auf diesem Gebiet ist das jüdische Wien heute mit Arik Brauer, André Heller und dem 1949 als Peter Rosenkranz in der einst von 60.000 Juden bewohnten „Mazzes-Insel" der Leopoldstadt geborenen Peter Rosen weiter voll präsent.

Prof. Fischhof vom Wiener Konservatorium vertonte die jiddischen Theaterstücke von Josef Biedermann „Emanzipierte Juden" oder „Israel in floribus". Sie geißelten im Vormärz die Schwächen der nach gesellschaftlicher Anerkennung strebenden „tolerierten" Juden von Wien. Der 1800 in Preßburg geborene Biedermann war Mietglied der von Metternichs Polizei dauernd überwachten „Rosenbaumschen Gartengesellschaft" und der literarisch-künstlerischen Vereinigung „Ludlamshöhle".

Auf die jüdischen Dichter und Literaten in Wien hinzuweisen, heißt Eulen nach Athen tragen. Hier seien nur die erwähnt, die entweder zu Unrecht vergessen wurden oder neben ihrer kulturellen Weltgeltung auch als Juden bedeutsam sind und nicht nur einfach aus dem Wiener Judentum hervorgegangen sind:

Karl Isidor *Beck* (1817 bis 1879) ist heute nur noch wenigen Spezialisten bekannt. Seine Gedichte aus der Welt der armen Wiener Juden wurden aber einmal von keinem Geringeren als Friedrich Engels bewundert, „Der Trödeljude" zum Beispiel:

Die Straßen auf, die Straßen nieder!
Die Knochen matt, die Stirne heiß!
Die Woche flieht, die Woche bietet
Nur fünf der Tage deinem Fleiß.
O spute dich, du Atemloser,
Wirb, wirb um deinen Tagelohn.
Am Samstag will es nicht der Vater,
Am Sonntag will es nicht der Sohn.

Der Dichter und Publizist Ludwig August *Frankl* (1810 bis 1894) war einer der typischen Repräsentanten der 48er Generation. Er gab dem Sturmjahr seine Freiheitshymne, das Gedicht „Die Universität". Diese „österreichische Marseillaise" wurde 27mal vertont. Frankl war auch als Arzt an der Errichtung des Israelitischen Blindeninstituts auf der Hohen Warte maßgeblich beteiligt.

Leopold *Kompert* (1822 bis 1886) ist mit seinem 1848 veröffentlichten Erstlingswerk „Aus dem Ghetto" zum Rosegger des böhmischen und Wiener Judentums geworden. In „Geschichten einer Gasse" und „Zwischen Ruinen" sieht er jüdisch-christliche Mischehen als Weg zur Verständigung an.

Karl Emil *Franzos* (1848 bis 1904) vertrat in allen seinen Werken von den „Juden von Barnow" bis zum 1979 neu aufgelegten „Pojaz" immer die eine Grundeinsicht: „Es ist ein Gott über uns allen, alle Zeremonien sind gleich gut, weil alle zur Menschlichkeit verpflichten, Zeremonien sind überflüssig. Als Jude geboren, hast du Jude zu bleiben, weil dies offenbar Gottes Wille ist..."

Jakob Julius *David* (1859 bis 1906) studierte in Wien Germanistik und Geschichte. Als armer Student lernte er das „andere Wien" hinter der imperialen Fassade prunkvoller Ringstraßenarchitektur kennen. Diesen „Armen und Enterbten" mit ihrer Hoffnungslosigkeit und ihrem namenlosen Elend widmete sich David als Schriftsteller.

Der Vater des Zionismus, Theodor Herzl (1860 bis 1904), hatte in Wien als Bühnenautor und Schriftsteller einen Namen, als ein Arthur Schnitzler noch nichts als ein unbekannter junger Arzt war. Er verfaßte etwa 30 Theaterstücke, einen Band „Philosophische Erzählungen" und 1902 den zionistischen Roman „Altneuland".

Von den Schriftstellern, die sich zur Jahrhundertwende als „Jung-Wien" im Café Griensteidl um Hermann Bahr scharten, war Richard *Beer-Hofmann* (1866 bis 1945) der einzige bewußte Jude. Wurde er mit seinem Gedicht „Schlaflied für Mirjam" bekannt, so schöpfte er auch seine anderen — meist unvollendeten — Stoffe aus der Bibel.

Jakob *Wassermann* (1873 bis 1943), der aus Fürth zu diesem Kreis stieß, gehörte mit seinem Roman „Die Juden von Zirndorf" und natürlich mit dem „Caspar Hauser" zu den meistgelesenen Autoren seiner Zeit. Sein Erinnerungsbuch „Mein Weg als Deutscher und Jude" verfaßte er 1921.

Hugo von *Hofmannsthal* (1874 bis 1929) machte zwar im klassisch gewordenen „Jedermann" die katholische Lehre zu einer zentralen Aussage seines Werkes, war aber immerhin der Urenkel des Talmudgelehrten Isaak Löw Hofmann von Hofmannsthal (1759 bis 1849), welcher seit dem Jahre 1806 „Vertreter" der Wiener Judenschaft gewesen war, verdient um die Hebung der Seidenkultur, die die Monarchie in diesem Industriezweig autark gemacht hatte.

Arthur Schnitzler, Peter Altenberg, Karl Kraus, Stefan Zweig und viele andere waren in ihrem Schaffen kaum von ihrem Judentum beeinflußt, haben aber wesentlich dazu beigetragen, daß die österreichische Literatur des 20. Jahrhunderts einen bedeutenden Rang im deutschen Sprachraum einnimmt.

Der aus der Emigration 1957 nach Wien zurückgekehrte Theodor *Kramer* (1897 bis 1958) war ein Dichter der Keuschler und Häusler, der Ziegel- und Schnapsbrenner, der Pflasterer und Kanalräumer, der Dirnen, Sandler und aller jener, die „ohne Stimme sind". 1928 hatte er für seinen Sammelband „Die Gaunerzinke" den Lyrikpreis der Stadt Wien erhalten, im Juli 1938 schrieb er angesichts der nationalsozialistischen Judenverfolgung die Zeilen:

Immer zählte ich mich zu den andern;
Über Nacht wird mir bestimmt, zu wandern;
Und man reihe stumm zu euch mich ein;
Was, laßt sehn, hab ich mit euch gemein?
Nicht den Glauben, noch die gleiche Sitte,
Und es schweigt mein Blut in eurer Mitte.

Der 1925 in Hernals geborene Fritz Mandelbaum schreibt zwar unter dem neuen Namen Frederic *Morton* in den USA, hat aber seiner Heimatstadt Wien eines seiner neuesten Werke gewidmet. Es ist unter dem Titel „Schicksalsjahr Wien 1888/89" 1981 auch deutsch erschienen und folgt den Spuren von Anton Bruckner und Gustav Mahler, von Gustav Klimt und Johann Strauß, von Arthur Schnitzler, Theodor Herzl und Sigmund Freud durch die „nervös-flimmernde Pracht" des jüdischen Wien vor hundert Jahren.

Mit dem Leben und Wirken des 1924 aus Magdeburg nach Wien gekommenen Meistererzählers Franz West (Weintraub) beschäftigte sich der 1983 gezeigte Film von Ruth Beckermann und Josef Aichholzer „Wien retour": Der 14jährige Franz sieht Wien zum ersten Mal. Der Film zeigt seine Jugend in der Leopoldstadt, den Rückzug aus den Traditionen des Judentums, seine Hinwendung zur Arbeiterbewegung.

Im Schnittpunkt von Kunst, Theologie und Wissenschaft stand eine der größten und erhabensten Persönlichkeiten, die Wien je hervorgebracht hat, der Religionsphilosoph Martin *Buber* (1878 bis 1965). Er wurde in Wien als Enkel des Midrasch-Forschers Salomon Buber geboren. Er studierte Philosophie und Kunstgeschichte, war Redakteur des zionistischen Zentralorgans „Die Welt" und vertrat schon in seiner Wiener Zeit vor dem Ersten Weltkrieg einen ethischen Zionismus, eine Politik als „aktive Mystik", was gerade heute wertvolle Lösungsaspekte für den jüdisch-arabischen Konflikt um Palästina beibringen könnte.

Der Religionsphilosoph Martin Buber

Als jüdische Vertreter der Geisteswissenschaften in Wien seien die Altphilologen Theodor *Gomperz* (1832 bis 1912) und sein Sohn Heinrich Gomperz genannt, beide deutschnationale Großbürger mit geradezu antisemitischer Schlagseite. Der Vater war Verfasser des weithin bekannten Werkes „Griechische Denker", der Sohn 1934 zusammen mit den nationalsozialistischen Professoren der Universität Wien Unterzeichner einer Protesterklärung gegen den autoritären Ständestaat, die ihn zunächst seine Professur kostete, aber 1938 ebensowenig vor der Vertreibung rettete, in der er 1942 gestorben ist.

Am meisten haben sich die Wiener Juden um die Entwicklung der medizinischen Wissenschaft verdient gemacht. Mit dieser Tradition, und nicht mit einer „Verjudung" des ärztlichen Berufes, hing es zusammen, daß 1923 in Wien bei einem jüdischen Bevölkerungsanteil von 10,8 Prozent (201.000) die Hälfte aller Ärzte Juden waren.
Schon der jüdische Arzt Ascher Judah (1525 bis 1585), der sich nach seiner Taufe 1558 Paul Weidner und später „von Billerburg" nannte, war Leibarzt des Kaisers, dreimal Rektor der Universität Wien und sechsmal Dekan der medizinischen Fakultät. Im 17. Jahrhundert praktizierten in der Stadt und im Juden-Ghetto Elia Halfan und Leo Winkler. Sie hatten in Padua studiert, denn erst 1789 wurde der erste jüdische Arzt Samuel Akkord in Wien zur Promotion, erst 1860 der Dermatologe Hermann Zeissl zur Habilitierung zugelassen.
Die Reihe der großen jüdischen Mediziner Wiens eröffnete Heinrich von Bamberger (1822 bis 1888), dessen Hauptverdienst in der Diagnostik der Herzkrankheiten liegt. Es folgte der Erforscher der Selbststeuerung der Atmung und der Funktion des Ohrlabyrinthes als Organ des Gleichgewichtssinnes Josef Breuer (1842 bis 1925). Wilhelm Winternitz (1834 bis 1917) begründete die wissenschaftliche Hydrotherapie. Salomon Stricker (1834 bis 1898) war der erste Wiener Ordinarius für Allgemeine und Experimentelle Pathologie. Siegfried Ritter von Basch (1837 bis 1905) konstruierte den ersten Blutdruckmesser, der klinisch verwendet werden konnte. Karl Landsteiner (1868 bis 1943) ist der 1930 mit dem Nobelpreis ausgezeichnete Entdecker der Blutgruppen. Robert Gersuny (1844 bis 1924) ist mit der von ihm entwickelten Methode der Paraffin-Einspritzung zum Wegbereiter der plastischen und kosmetischen Chirurgie geworden. Felix Mandl (1892 bis 1957) verfaßte die „Chirurgie der Sportunfälle" und war nach 1954 Mitglied des Wiener Landtags. Emerich Ullmann (1861 bis 1937) erbrachte durch einen mutigen Selbstversuch den Beweis, daß die Tollwutschutzimpfung auch für gesunde Menschen unschädlich ist. David Gruby (1810 bis 1898), der Arzt Heinrich Heines, entdeckte die krankheitserregenden Blutparasiten und den Erreger der Grindpilzflechte. Moritz

Benedikt (1835 bis 1910) und Moritz Rosenthal (1833 bis 1889) begründeten im Allgemeinen Krankenhaus die Elektrotherapie. Erwin Stransky (1877 bis 1962) und Hans Hoff (1897 bis 1969) leiteten nach ihrer Rückkehr aus der Emigration die Wiener Städtische Nervenheilanstalt Rosenhügel beziehungsweise die Psychiatrische Universitätsklinik.

Auf Sigmund *Freud* (1856 bis 1939) kann hier nicht im Detail eingegangen werden. Keinesfalls sollte aber bei einem Streifzug durch das jüdische Wien auf das Sigmund-Freud-Haus in der Berggasse 19 vergessen werden. Dieses Museum ist im Juni 1984 neu renoviert und um wichtige Objekte aus dem Nachlaß der 1982 verstorbenen Freud-Tochter Anna bereichert wiedereröffnet worden.

Unter den jüdischen Schülern Freuds, die sich später von ihrem Lehrer trennten, war *Alfred Adler* (1870 bis 1937) einer der bekanntesten. Ihm gelang es, den Präsidenten des Wiener Stadtschulrates, Otto Glöckel, für die Einrichtung von Kinderberatungsstellen in den Volksschulen und die Ausbildung der Lehrer in Kinderpsychologie zu gewinnen.

Schon frühzeitig bemühte man sich in Wien, die Kinderheilkunde von der Internen Medizin und der Frauenheilkunde zu trennen. Erst durch die Initiative von Ludwig Wilhelm *Mauthner* von Mauthstein (1806 bis 1858) wurde sie als selbständige medizinische Disziplin anerkannt. Mauthner ließ 1837 auf eigene Kosten in der Vorstadt Schottenfeld ein Kinderspital errichten, 1849 übersiedelte er ins neuerbaute St.-Anna-Kinderspital.

Die jüdischen Spitäler standen überhaupt allen Wienern offen, während umgekehrt Juden nur selten und ungern in den anderen Kliniken Aufnahme fanden. Das älteste jüdische Spital in der Seegasse wurde 1698 von Samuel Oppenheimer am alten Judenfriedhof gegründet. Nach der Einrichtung des Währinger Friedhofs 1785 wurde es 1792 neu gebaut und vergrößert. 1844 wurde es durch Sigmund von Wertheimstein umgebaut und mit einem Armenhaus verbunden, nach dem Bau des Rothschild-Spitals am Währinger Gürtel 1888 in ein Altersheim umgewandelt.

Mit den Rothschilds ergibt sich der Übergang zu den jüdischen Wienern im öffentlichen Leben. Von den „fünf Frankfurtern" war Salomon Freiherr von *Rothschild* (1774 bis 1855) zum Begründer der österreichischen Linie geworden. Er hielt sich seit 1816 vorwiegend in Wien auf und wurde ein Vierteljahrhundert später Ehrenbürger. Ohne ihn hätte Wien keinen Nordbahnhof bekommen, da er die ökonomisch treibende Kraft hinter der schon 1836 begonnenen Kaiser-Ferdinands-Nordbahn war.

Unter den noch nicht in den historischen Kapiteln behandelten jüdischen Politikern Wiens sei zunächst Heinrich *Friedjung* (1851 bis 1920) erwähnt, typisch für die verblendeten Deutschnationalen unter den Wiener Juden. Die Umwandlung der alten Verfassungspartei in eine deutschnationale

Partei 1880 ging auf sein Bestreben und seine Ideen von der einzigen deutschen Staatssprache und der Vereinigung Österreich-Ungarns mit dem Deutschen Reich zurück. Friedjungs fanatisches Eintreten für die Deutschtümelei wurde aber von seiner eigenen Partei schlecht gelohnt: Man schloß ihn wegen seines Judentums aus!

Die eigentliche politische Heimat der jüdischen Wiener war und ist jedoch die Sozialdemokratie. *Victor Adler* (1852 bis 1918) verkörperte diese Verbindung in „Personalunion par excellence". Im „Österreichischen Jüdischen Museum" von Eisenstadt befindet sich eine Postkarte, die zeigt, wie sehr diese Einheit Juden-Sozialisten die antisemitische Stimmung in der christlich-sozialen „Volksseele" Wiens angeheizt hatte:

An den Juden
Dr. Adler 9. Bz. Färstelgasse
Retaktör der Arbeit Zeitung
in Wien
Soci
Herr Adler
sind die Juden schon gewält, die Juden die Pilcher
die dem Volk das Blut aussaugen und die follen Kassen leren.
Der ein Jud ist, ist schon ein Schuft
25. 4. 1898

Weniger bekannt als Bauer, Deutsch oder Breitner war Wilhelm *Ellenbogen,* geboren 1863 im mährischen Lundenburg. Er hat die später unter Bruno Kreisky wieder aufgeflammte Diskussion „Jude oder Sozialist" schon beim Linzer Parteitag der Sozialdemokraten so zu lösen versucht: „In Wahrheit ist der Satz ‚Religion ist Privatsache' nicht eine taktische, sondern eine durch und durch prinzipielle Frage, und zwar aus folgenden Gründen: erstens hat der religiöse Fragenkomplex, der sich nicht in Gott und Jenseits erschöpft, sondern viel tiefer und komplizierter ist, mit dem Gedankenkomplex des Sozialismus an sich nichts zu tun. Zweitens: Im tiefsten Grunde entstehen Religionen aus dem angeborenen, ewigen, unsterblichen und durch nichts zu unterdrückenden Drang des gesamten Menschheitsgeschlechts nach Erklärung der letzten Ursachen der Dinge."

Es lebe der Sport

Den meisten Wienern von heute werden weder ein Mannheimer oder Sulzer und kaum Herzl, Friedell oder Bettauer mehr ein Begriff sein. Die Leistungen der jüdischen Sportler in Wien vor dem Ersten Weltkrieg und vor allem während der Zwischenkriegszeit sind aber nicht nur den Älteren in Erinnerung geblieben.

Schon 1509 war ein Jude namens Ott österreichischer Meisterringer, er verfaßte ein Lehrbuch darüber und unterrichtete die Habsburger-Prinzen.

Nach dem Verbot Kaiser Rudolfs II., das jede wehrhafte und sportliche Betätigung der österreichischen Juden betraf, dauerte es bis ins 19. Jahrhundert, ehe sich die Wiener Juden wieder an sportlichen Wettkämpfen beteiligen durften. Vorreiter im wahrsten Sinne des Wortes wurde Generalmajor Robert von Joelsen (1829 bis 1902), der als Präsident der Campagne-Reitergesellschaft und durch deren vorbildliche Organisation den Reitsport in Wien und ganz Österreich-Ungarn zu internationalem Ansehen brachte. Auf diese verhältnismäßig wenigen Herrenreiter aus geadelten jüdischen Familien folgte aber bald der Breitensport. Ursprünglich waren die Wiener Juden begeisterte Mitglieder der „Deutschen" Turnvereine. Wie sie durch den Antisemitismus aus diesen verdrängt wurden, zeigt eine Karikatur aus einem „Kikeriki" des Jahres 1887 mit der Unterschrift: „Wie sich ein Jude gegenwärtig verkleiden muß, um in einem deutsch-nationalen Turnverein Aufnahme zu finden". Die Zeichnung zeigt einen Juden im Bärenfell mit Keule, womit die bis ins Lächerliche gesteigerte Hervorkehrung des Germanentums bei den Mitgliedern der „Deutschen" Turnvereine in Wien verspottet werden sollte. In der Folge wurde 1897 der „Erste Jüdische Turnverein" gegründet, der sich seit 1921 „Maccabi" nannte.

In den späteren Sportvereinen machte man den Wiener Juden weniger Schwierigkeiten. Die meisten jüdischen Aktiven hatten der Akademische Sportklub, der WAC, die Austria, der „First Vienna Football Club" und die verschiedenen Arbeiter-Sportvereine.

Der F. C. Hakoah am Franz-Josefs-Kai 7 wurde 1909 der erste moderne jüdische Sportverein überhaupt. Und bald lag das jüdische Wien mit seinen 180.000 Seelen zwar in Europa nach Warschau und Budapest nur an dritter, im Sport jedoch an erster Stelle. Zwar mag der Budapester VAC — der nicht so erklärt jüdisch war — als Vorbild gedient haben: Hakoah wurde in der Folge zum bedeutendsten Allround-Sportverein der Alten Welt und zum Spitzenverein im Wiener und österreichischen Sport. 1924/25 war der Verein österreichischer Fußballmeister und seit dem sensationellen Sieg über Westham United in London eine der bekanntesten Fußballmannschaften der Welt. Zahlreiche Hakoahner spielten in der österreichischen

Nationalmannschaft. Wiener Juden waren auch der Verbandskapitän des Österreichischen Fußballverbandes vor dem Ersten Weltkrieg, der Schöpfer des „Wunderteams" und des Mitropa-Cups Hugo Meisl (1881 bis 1937); der Vizepräsident des Österreichischen Fußballverbandes vor 1910 Dr. Felix Kardeg; sodann der Präsident des Österreichischen Fußballverbandes Dr. Otto Abeles; Dr. Berthold Kardeg Präsident des Schwimmclubs Austria; Dr. Max Fürth Präsident des Österreichischen Leichtathletik-Verbandes und Begründer des österreichischen Marathon-Komitees.

Zwischen der Wiederbelebung der Olympischen Spiele in Athen 1896 und dem Anschluß von 1938 haben Wiener jüdische Sportler für Österreich vier Goldmedaillen, viermal Silber und neunmal Bronze errungen. Selbst bei Hitlers Olympischen Spielen 1936 in Berlin gewann der „nicht-arische" Gewichtheber Robert Fein die Goldmedaille, Viktor Kalisch wurde im Kajak Silbermedaillengewinner.

Welt- und Europameister haben die Wiener Juden in der Zwischenkriegszeit im Eiskunstlauf, Segelfliegen, Ringen, der Leichtathletik, im Schwimmen, Tischtennis und Radfahren gestellt.

Die österreichischen Meister aus dem jüdischen Wien aufzuzählen würde überhaupt den Rahmen dieses Buches sprengen. Erwähnt seien nur der Vater der österreichischen Leichtathletik M. D. Albala, zwischen 1900 und 1905 der beste Langstreckenläufer der Welt und gefeiertste Leichtathlet seiner Zeit; die drei Brüder Deutsch vom Floridsdorfer A. C.; und der Star des Schwimmclubs Austria Simon Orlik sowie der Schwergewichtsmeister und Präsident des österreichischen Boxverbandes Willy Kurtz, die auch ihr Sportlerruhm nicht vor der Ermordung in Dachau 1941 bewahrte.

Der F.C. Hakoah als österreichischer Meister
bei einem Freundschaftsspiel in Chicago
Privatarchiv Norbert Lopper (Nachlaß Max Gold)

Die Wiener Judaistik —
Österreichisches Jüdisches Museum

Eine wichtige Sammlung aus dem jüdischen Wien befindet sich seit 1982 im nahegelegenen Eisenstadt: das „Österreichische Jüdische Museum". Das Wiener „Jüdische Museum" der Zwischenkriegszeit hat leider — wie so viel anderes — die Herrschaft der Nationalsozialisten nicht überstanden. Ein paar Reste seiner Schaustücke, unter denen die Etrog-Dosen in Zitronenform nicht ihresgleichen hatten, sind wenigstens in zwei Vitrinen des jüdischen Zentrums in Döbling zusammengetragen. Hingegen nimmt jetzt in Eisenstadt das jüdische Wien den ihm gebührenden Platz in der gelungenen Schau aus tausend Jahren österreichischem Judentum ein. Ohne die dort gezeigten Modelle und Pläne der alten Wiener Judenstädte aus Mittelalter und Neuzeit lassen sich diese im heutigen Stadtbild fast nicht mehr aufspüren.

Ins „Österreichische Jüdische Museum" fährt man am einfachsten vom Autobus-Bahnhof Landstraße gegenüber dem Hilton-Hotel. In Eisenstadt führt von der Haltestelle Oberberg zunächst die Esterházygasse stadteinwärts. An der zweiten Abzweigung beginnt links die Unterbergstraße, die zum ehemaligen Haus des Wiener Hofjuden Samson Wertheimer führt. Rechts vom Portal eine Gedenktafel für jüdische Gefallene aus dem Ersten Weltkrieg, über dem Tor der Davids-Stern. Im 1. Stock finden sich zahlreiche auf Wien bezügliche Exponate in historischer Reihenfolge: So die Erwähnung des ersten namentlich bekannten Wiener Juden Schlomo im Traditionskodex des Stiftes Formbach, die Urkunde des Bischofs Wolfker von Passau in Sachen desselben Schlomo, von dem auch die durch ihn geprägten „Wiener Pfennige" zu sehen sind; die Judenordnung Kaiser Friedrichs II. für Wien; eine Urkunde des Richters Niklas der Magseit in Sachen des Wiener Juden Nekchel; die Bestimmungen über die Juden der Wiener Provinzialsynode von 1267 in St. Stephan; das Wiener Grundbuch von 1398 über den Judenmeister Lesier von Perchtoldsdorf; Auszüge aus dem Judenbuch der Scheffstraße; der Judenverfolger Herzog Albrecht V.; das Patent von Kaiser Ferdinand I. über die Pflicht der Juden, in Wien und anderen Städten am „Gelben Ring" kenntlich zu sein; Bilder vom jüdischen Friedhof in der Seegasse; eine Urkunde des Großen Kurfürsten Friedrich Wilhelm vom 21. Mai 1670 zur Aufnahme von 50 aus Wien vertriebenen jüdischen Familien in Berlin; Bilder und Urkunden zu den Wiener Hofjuden Wertheimer, Oppenheimer und Leidersdorf, von den Haskala-Aufklärern Homberg, Wessely und Sonnenfels, die Rabbiner und Kantoren Mannheimer, Sulzer und Horowitz, über die Familien Hofmannsthal,

Das Wappen der Familie Hofmannsthal
mit den Gesetzestafeln im linken unteren Feld

Die Wertheimersche Haussynagoge in Eisenstadt
Heute ein Bestandteil des Österreichischen Jüdischen Museums

Arnstein und Rothschild; zwei köstliche Stiche „Polnische Juden und Wiener Kutscher" und „Trödeljud"; besonders interessante Zusammenstellungen über die Themen „Wiener Juden in der Revolution von 1848", „Politisch-ideologische Strömungen im österreichischen Judentum des ausgehenden 19. und beginnenden 20. Jahrhunderts", „Literatur", „Die Kultusgemeinden", „Jüdische Ärzte", und „Antisemitismus".Der Ausstellungskatalog, erschienen als Band IX der „Studia Judaica Austriaca", ist selbst ein bibliophiles Meisterwerk.

Das Schönste am Jüdischen Museum von Eisenstadt ist jedoch die ebenso weihevolle wie anheimelnde Wertheimersche Haussynagoge. Abgesehen von ihrem hohen künstlerischen Wert eine Stätte der Besinnung auf alles, was Wien und Österreich ihren Juden verdanken.

Das Herz aller Bemühungen um Wiens jüdische Vergangenheit und Gegenwart schlägt hinter der Votivkirche in der Ferstelgasse 6 am „Institut für Judaistik der Universität Wien". Dieses Institut, von dem die Initiative zum „Österreichischen Jüdischen Museum" ausging und das die Sammlungen im Wertheimerhaus betreut, hat sich nach dem Zweiten Weltkrieg zur größten und wichtigsten Lehr- und Forschungsstelle Europas für das Judentum entwickelt. Man braucht nur am Montagabend in die überfüllte Hauptvorlesung des Vorstandes, Prof. Kurt *Schubert,* zu gehen, um sich davon zu überzeugen.

Begonnen hatte das alles praktisch aus dem Nichts mit ein paar Vorlesungen im Sommersemester 1949. Die großen Zeiten der alten Wiener Judaistik, als am seinerzeitigen Orientalischen Institut die Rabbiner aus allen Gemeinden der Donaumonarchie studierten, waren längst vorbei. Internationale Beachtung fand die neue Wiener Judaistik spätestens 1955, als hier Schuberts „Die Religion des nachbiblischen Judentums" erschien. 1958 folgte das ebenso bahnbrechende „Die Gemeinde vom Toten Meer", ein Buch, das seitdem wiederholte Neuausgaben auf Deutsch und Englisch erlebt hat. Darauf wurde 1959 die erste außerordentliche Lehrkanzel für Judaistik errichtet, zu der zwei Jahre später ein Lektorat für die modernhebräische Sprache kam. 1966 entstanden aus der a. o. Professur ein Ordinariat und das eigene Institut für Judaistik, das seit 1971 in der Ferstelgasse zu Hause ist. Ein Jahr danach konnten das osteuropäische Judentum und die jiddische Sprache in Wien ebenfalls studiert werden.

Auf ihrem heutigen (1984) Stand bietet die Wiener Judaistik in etwa das folgende Unterrichtsangebot:

Gesamte Judaistik (o. Univ.-Prof. Dr. Kurt Schubert)
Rabbinische Literatur und Talmudische Zeit (a. o. Univ.-Prof. Dr. Günter Stemberger)

Jüdische Philosophie, Biblische Archäologie, Randgebiete (a. o. Univ.-Prof. Dr. Ferdinand Dexinger)
Hebräische Linguistik (Univ.-Doz. Dr. Fritz Werner)
Osteuropäisches Judentum und Jiddisch (Univ.-Doz. Dr. Jacob Allerhand)
Österreichisches und italienisches Judentum (Wiss. Oberrat Dr. Nikolaus Vielmetti)
Modernhebräisch (Lektor Dipl.-Ing. Prof. Leon Slutzky)
Jüdische Kunst (Lektor Dr. Ursula Schubert)
Geschichte der Juden im deutschen Mittelalter (Lektor Dr. Brigitte Stemberger)

Es werden am Institut für Judaistik im Schnitt 50 Wochenstunden unterrichtet, wobei alle a. o. Professoren und Dozenten im jüdischen Gesamtbereich zu Hause sind.
Einen Einblick in die wissenschaftliche Arbeit, die in der Ferstelgasse geleistet wird, gewähren auch die im Lauf der Jahre hier entstandenen Doktorarbeiten. Es spricht für diese Dissertationen, daß man die meisten von ihnen nicht am Institut, in der Universitäts- oder Nationalbibliothek einsehen muß, sondern daß man sie sich auch im Buchhandel beschaffen kann.
Die Wiener Judaistik ist auch der Boden, aus dem die Initiative für christlich-jüdische Zusammenarbeit in Österreich hervorgegangen ist. Nach der sonst eher traurigen Vergangenheit Wiens als Hauptagitationsstätte des Antisemitismus von „Christen" eine besonders erfreuliche Wende. Und wenn Prof. Schubert im Mittelpunkt dieser Bemühungen steht, so erscheint das in Zusammenhang mit seinen wissenschaftlichen Arbeiten alles andere als zufällig. So hat er schon 1962 „Der historische Jesus und der Christus unseres Glaubens" und 1964 „Vom Messias zum Christus" herausgegeben. 1973 verfaßte er „Jesus im Lichte der Religionsgeschichte des Judentums". Nach verschiedenen Anläufen seit Mitte der fünfziger Jahre konnte 1964 endgültig der „Christlich-Jüdische Koordinierungsausschuß in Österreich" als Verein angemeldet werden. Auf Initiative dieses Ausschusses entstanden drei wichtige Werke für die Begegnung von Christen und Juden, die den Ordinarius für Bibelwissenschaft und Judaistik an der Theologischen Fakultät Luzern und damaligen Assistenten des Wiener Instituts für Judaistik, Clemens Thoma, zum Verfasser beziehungsweise Herausgeber haben:

Judentum und christlicher Glaube (Klosterneuburg 1965)
Auf den Trümmern des Tempels (Wien 1968)
Kirche aus Juden und Heiden — Biblische Informationen über das Verhältnis der Kirche zum Judentum (Wien 1970).

Eine besondere Leistung des Christlich-Jüdischen Koordinierungsausschusses war ein Memorandum an Kardinal König mit dem Titel „Darstellung des Judentums in der christlichen Katechese", das in Wien durch die „Christlich-pädagogischen Blätter" und in Basel vom „Christlich-jüdischen Forum" veröffentlicht wurde. Und auf Initiative des Ausschusses hat die Wiener Diözesansynode 1969 bis 1971 das Thema Christlich-jüdische Begegnung behandelt und den Antisemitismus in aller Deutlichkeit als mit dem christlichen Glauben unvereinbar erklärt. Ein ebenso klarer wie notwendiger Schlußstrich unter die Irrungen einer sogenannten „christlich-sozialen" Vergangenheit.

Weltweit gesehen ist die Wiener Judaistik, selbst im Vergleich mit Israel, noch dadurch einzigartig, als sich hier am Institut eine internationale Sammelstelle für illuminierte hebräische Handschriften befindet, ob es sich nun um Miniaturen und Zierschriften in Bibeln, Machzor-Gebetbüchern, Pessach-Haggadot für den österlichen Seder-Abend oder viel anderem mehr handelt.

Vom Salon bis ins KZ: Jüdische Wienerinnen

Wenn auch sonst von Wien nicht ohne die Wienerinnen eine Rede sein kann, so gilt das erst recht für das jüdische Wien: Schon um die Wende vom 18. zum 19. Jahrhundert entwickelte sich hier eine glanzvolle Kultur der Salons. In ihrem Mittelpunkt standen die Gattinnen der jüdischen Bankiers. Der Wiener Atmosphäre entsprach allerdings nicht die intellektuelle Note des Berliner Salons, wie sie etwa Rachel Varnhagen repräsentierte. An der Donau stand die Pflege eines kultivierten Gesellschaftslebens im Vordergrund. Das bot die Basis für die Entfaltung musikalischer und literarischer Ambitionen. Die Frauen und Töchter der jüdischen Großhändler und Finanzleute erhielten dabei Gelegenheit, die kommerziellen Leistungen des „Hauses" nach der schöngeistigen Seite hin zu ergänzen.

Der Wiener Bankier Nathan Adam Arnstein war 1798 geadelt worden. Sein Name ist aber nicht mit dem Freiherrn-Titel, sondern durch seine Frau unvergessen geblieben: *Fanny* Freiin *von Arnstein* (1758 bis 1818). Sie war eine Berlinerin aus der Familie Itzig, die sich aber in Wien bald umso mehr zu Hause fühlte und den in der preußischen Residenz in Mode gekommenen „Salon" an der Donau einführte. Der Wiener Kongreß bot ihr Gelegenheit, das gesellschaftliche Leben zu einer geistigen und materiellen Höhe zu führen, wo sie der vielbewunderte Mittelpunkt war. Fanny Arnstein war typisch für das Ideal, das ein tolerierter Jude im Wiener Vormärz überhaupt erreichen konnte: Reichtum, Adel und soziale Geltung. Für die Wiener Musikgeschichte ist die „Königin des Salons" als eine der adeligen Damen, die „zur Beförderung des Nützlichen und Guten" vereint waren, 1811 als eine Mitgründerin der „Gesellschaft der Musikfreunde" bedeutsam geworden.

Die Welt eines solchen jüdischen Salons im alten Wien ist noch um die Villa Wertheimstein in Döbling erhalten. Der Salon der *Josephine von Wertheimstein* und ihrer unverheirateten reizvollen Tochter Franziska konnte sich vor der Jahrhundertwende an geistigem Rang seiner Teilnehmer durchaus mit der durch Fanny von Arnstein oder Dorothea Veit — der mit Friedrich Schlegel verheirateten Tochter von Moses Mendelssohn — begründeten Tradition messen: Zu den Freunden der Familie, die das Haus ständig besuchten, gehörten unter anderen der Philosoph Franz Brentano sowie die Maler Moritz von Schwind und Franz von Lenbach. Eduard von Bauernfeld und Ferdinand von Saar lebten überhaupt jahrelang im Gästehaus des heutigen Wertheimstein-Parks, und Hugo von Hofmannsthal stand, wie seine Briefe und Gedichte bezeugen, Mutter wie Tochter besonders nahe.

Der Salon in der Villa Wertheimstein
Auf der Staffelei beziehungsweise rechts davon Franz von Lenbachs Gemälde
der Josephine und des Leopold von Wertheimstein
Aufnahme aus dem Jahre 1912

Als „ein schlankes Frauenwesen, fast weiß das reiche gewellte Haar um das schöne Oval des edlen Antlitzes, dunkelblau strahlende Augen, schmale weiße Zahnreihen zwischen schmerzlich und resigniert lächelnden Lippen" wird *Franziska von Wertheimstein* beschrieben. Nach ihrem Tod 1907 wurden die schöne Biedermeiervilla und der Park an der Döblinger Hauptstraße als Stiftung Wertheimstein der Öffentlichkeit übergeben.

Ganz im Dienst der Allgemeinheit und vor allem der Mädchen- und Frauenbildung stand dann das Wirken von Eugenie *Schwarzwald* (1872 bis 1940). Sie war schon von ihrer Erscheinung her eine ganz andere jüdische Wienerin als die „feine" Franziska von Wertheimstein: „Eine Frau von untersetzter Statur, starkhalsig, starknackig, kurzhaarig, mit einer Stimme, die etwas vom Schmettern einer Trompete hat". Im Wien der Zwischenkriegszeit hieß die „vollbusige, stattliche Erscheinung, die sich in breiter Mütterlichkeit" entlud, einfach „die Frau Doktor".
Eugenie Schwarzwald, geb. Nußbaum, stammte aus Czernowitz, verbrachte aber schon ihre Volksschulzeit in Wien. Es folgten Studienjahre wieder in der Bukowina und an der Universität Zürich. 1901 kaufte sie mit ihrem Mann ein verstaubtes altes Lyzeum auf dem Franziskanerplatz in der Inneren Stadt, das sogenannte „Jeiteleum", und eröffnete dort das „Mädchen-Lyzeum PhDr. Eugenie Schwarzwald (sechs Klassen), verbunden mit Mädchen-Gymnasialcursen und Fortbildungscursen in Wien". Um die Jahrhundertwende war das kein kleines Wagnis, denn Mittelschulbildung für Mädchen war in Wien noch nicht selbstverständlich und jede Neuerung stieß auf Widerstand. Die Zahl der Schülerinnen stieg aber stetig an und zählte schon 1907 fast 500. Die „Frau Doktor" wagte daraufhin die Eröffnung einer zunächst heftig angefeindeten „Ko-Edukations-Volksschule für Knaben und Mädchen", 1916 kam eine „Kleinkinderschule" dazu. Schon damals führte „Genia" Schwarzwald im internsten Schulbereich Reformen ein, die heute entweder zum Alltag gehören oder deren man sich wieder besinnt.
Adolf Loos, der zeitweise selbst zum Lehrkörper gehörte, gestaltete der mit ihm befreundeten Familie Schwarzwald 1905 das Speisezimmer in ihrer Wohnung im VIII. Bezirk in der Josefstädter Straße 68 um und schuf somit die Wohnung, die auch sein zweites Heim werden sollte. In diesem „offenen Haus" verkehrten bis 1938 eine ganze Reihe „berühmter" Wiener Persönlichkeiten.
Loos war es auch, der eines der größten Bauvorhaben der „Frau Doktor" plante: Die sogenannte „Semmering-Schule" im niederösterreichischen Breitenstein, eine Freiluftschule und ein Landerziehungsheim für 200 Internatsschüler, deren Vollendung jedoch durch den Ausbruch des Ersten Weltkrieges verhindert wurde.

Zu den „bunten Vögeln" im Lehrkörper zählte auch der Maler Oskar Kokoschka, den Genia 1911 in Berlin in einem bejammernswerten Zustand völlig mittellos entdeckt hatte. Sie erkannte in ihm ein phänomenales Talent und engagierte ihn als Zeichenlehrer. Seine Karriere als Kunsterzieher bei der Frau Doktor scheiterte jedoch bald am zuständigen Fachinspektor, der Kokoschka vorwarf, sich nicht um den Lehrplan gekümmert zu haben und die Mädchen „übermodern" zeichnen zu lassen.

Die Familie Schwarzwald und ihre Schulen förderten auch die atonale Musik und Wiener Komponisten dieser Schule wie Schönberg, Berg, Webern und Josef Matthias Hauer. In der Schwarzwald-Schule fanden auch Veranstaltungen des „Vereins für musikalische Privataufführungen" statt.

1922 wurde die „Gesellschaft der Schwarzwaldschen Schulanstalten in Wien" gegründet. Laut Statuten verfolgte sie ohne Absicht auf Gewinn die Einrichtung und Führung von Mädchenmittelschulen sowie Gemeinschaftsvolksschulen für Knaben und Mädchen.

Viel weiter ging das umfangreiche Wohlfahrtswerk der Frau Doktor. So geht die Idee zur Führung von Speisehäusern ohne Trinkzwang auf das Jahr 1904 zurück, als Frau Schwarzwald eine Aktion „Obst fürs Volk" startete, um der „irrsinnigen Fleischesserei wienerischer Gastwirtweisheit durch den Genuß von Obst ihren Schaden zu nehmen". Der im November 1916 von Genia gegründete „Verein zur Errichtung und Erhaltung von Gemeinschaftsküchen in Wien" eröffnete 1917 im Akazienhof in Wien IX, Thurngasse 4, die erste Ausspeisung zum Selbstkostenpreis. 1921 waren es schon zwölf Küchen und vier Heime, darunter die „Siedlungsküche" im Lainzer Tiergarten.

Im März 1917 entstand der Verein „Wiener Kinder aufs Land". 1918 entstand das „Haus in der Sonne", wo schulentlassene Mädchen unentgeltlich für Haushalt oder Beruf ausgebildet wurden. All das wurde nach dem Anschluß entweder aufgelöst oder in die „Deutschen Mädchenmittelschulen" beziehungsweise die NS-Volkswohlfahrt e.V. eingegliedert.

1926 wurde die Frau Doktor zum 25jährigen Jubiläum ihrer pädagogischen Tätigkeit mit einem heiteren Lied nach einer Melodie aus der Oper „Martha" geehrt:

Ich kann braten,
Kochen, reden,
Kann beraten
Einen jeden.
Gänschen füttern
Und zu Müttern,
Zu probaten
Sie erziehn.

Ich kann dichten,
Unterrichten,
Reformieren,
Musizieren,
Jubilieren,
Mich hat gern, oh,
Sowohl Czerno-
Witz als Wien!

Es fehlte aber auch nicht an Anfeindungen aus den eigenen Reihen: Karl Kraus verunglimpfte sie als „Hofrätin Schwarz-Gelber" in „Die letzten Tage der Menschheit", nachdem er sich darüber geärgert hatte, daß Rainer Maria Rilke und Robert Musil mehr Zeit im Haus Schwarzwald als in seiner Gesellschaft verbrachten. Der letztere hat die Frau Doktor in „Der Mann ohne Eigenschaften" als betriebsame Salondame Diotima verewigt, auch er nicht ganz ohne Zynismus.

Als „Vereinsmeierei" versuchten Alfred Polgar und Egon Friedell das Wirken von Eugenie Schwarzwald sowohl in der „Böse Buben-Presse" von 1922 (Faschingsausgabe der „Neuen Freien Presse") wie 1923 in der „Böse Buben-Reichspost" und nochmals im folgenden Jahr mit der „Böse Buben-Stunde" hinzustellen. Zu vollem Recht kommt die Frau Doktor hingegen als Schlüsselfigur in Hugo Bettauers 1923 erschienenem Roman „Der Kampf um Wien", 1925 als „Regierungsrätin Selma Boskovits-Silbermann" in „Jazz" von Felix Dörmann und sogar im Jugendroman „Gold außer Kurs" des später von den Nationalsozialisten in Beschlag genommenen Josef Weinheber: Dort stößt man auf die Beschreibung eines Besuches des jungen Lyrikers Harasser in einem „zierlichen, einstöckigen Palais auf der Wieden" und eine „Frau Doktor Mania", die ihn aus seiner „Waisenknabensituation" zu retten versucht.

Am 7. August 1940 ist Eugenie Schwarzwald in der Schweiz im Exil „schmerzlos entschlafen". Ihre letzten Worte galten enttäuscht der Heimat Wien:

„Was ist das, wenn zehntausend Wiener, deren Kindern ich das Leben gerettet habe: Heil Hitler! rufen?"

Vom jüdischen Großbürgertum Wiens über ein Leben als engagierte Sozialistin in einen „Versuchsvergasungswaggon" beim KZ Ravensbrück führte der Weg von Käthe *Leichter* (1895 bis 1942). Sie wurde als Marianne Katharina Pick in einer behaglichen Wiener Stadtwohnung am Rudolfsplatz geboren. Ihre Jugend im jüdischen Wien vor dem Ersten Weltkrieg hat sie in den „Erinnerungen" beschrieben, die von ihr 1938 während der Einzelhaft in Zelle E 125 am Landesgericht Wien I verfaßt wurden. Das Manuskript gibt ein anschauliches Bild von der Kindheit in einer assimilierten Wiener Judenfamilie. Eindringlicher und aufschlußreicher als viele andere Memoiren, die in Ruhe an einem Schreibtisch verfaßt wurden, vermitteln Käthe Leichters „Erinnerungen" die Atmosphäre einer Gesellschaftsschicht, die viel zur Entfaltung der österreichischen Kultur beigetragen hat. Es ist nur zu bedauern, daß sie ein Torso geblieben sind und mit dem Jahr 1916 schließen. Im Frühjahr 1939 wurde Käthe Leichter ins Konzentrationslager Ravensbrück bei Magdeburg überstellt, und dort war kein Platz für „Erinnerungen".

Die Schulreformerin Eugenie Schwarzwald

Die Schulzeit Käthes fiel in die Blütejahre der vom Bürgermeister Dr. Karl Lueger geführten Christlich-Sozialen Partei in Wien und der deutschnationalen Bewegung des Ritters von Schönerer. Wenn auch in Wiens gehobenen Kreisen die lautstark-primitive Propaganda des Antisemitismus als pöbelhaft empfunden wurde, so tat sie doch auch dort ihre zersetzende Wirkung. Wie so viele assimilierte Wiener Juden wollte Käthe Leichter den Antisemitismus persönlich einfach nicht wahrhaben. Sie ging diesem gesellschaftlichen Übel einfach aus dem Weg, so lange es sie nicht selbst betraf. Es ist bezeichnend, daß sie noch in der NS-Haft meint, „bis zum Jahre 1938 keinen Antisemitismus gekannt" zu haben. Ähnliche trügerische Auffassungen vertraten die ebenfalls jüdisch-assimilierten Funktionäre der Arbeiterbewegung Victor Adler, Otto Bauer oder Robert Danneberg.

Von den sechsundvierzig Jahren, die Käthe Leichter gelebt hat, verbrachte sie im „Ständestaat" vier Jahre als illegale Funktionärin der Sozialdemokratischen Partei und fast vier Jahre in Gestapohaft und im Konzentrationslager. Ihre reiche Begabung, ihr stets kritischer und forschender Geist, ihr Studium und ihre wissenschaftlichen Kenntnisse hätten ihr eine glänzende akademische Karriere eröffnet. Doch war es kein Zufall, daß die Soziologin, Vorkämpferin der Rechte aller werktätigen Frauen, Erzieherin und Lehrerin vieler Arbeiterfunktionäre, immer für das Recht streitende Referentin und Diskussionsteilnehmerin bei Konferenzen und auf Parteitagen nach dem Februar 1934 Organisatorin der illegalen Propaganda und Schulungstätigkeit der Revolutionären Sozialisten wurde, verfolgt von den Häschern des Dollfuß-Schuschnigg-Regimes.

Die tiefen sozialen Gegensätze, die Käthe Leichter in jungen Jahren erkannt hatte, führten sie auf manchen Umwegen zur sozialistischen Bewegung. Die Schrecken des Ersten Weltkriegs machten sie zur überzeugten Kriegsgegnerin. Das Studium sozialwissenschaftlicher Werke wies ihr den Weg zu Karl Marx. Die fünfundzwanzig Jahre ältere Rosa Luxemburg wurde 23 Jahre vor Käthe Leichter von deutschen Offizieren ermordet. Die Technik der Tötung ist danach fortgeschritten, die Schauplätze lagen unweit voneinander, und die Anstifter der Bestialitäten gehörten den gleichen Kreisen an.

Nach ihrer Verhaftung durch die Gestapo im Frühjahr 1938 wurde Käthe Leichter im Hotel Metropol am Morzinplatz, dem Wiener Sitz von Hitlers NS-Staats-Schützern, verhört. Ungefähr 200 Meter von ihrem Elternhaus. Dort wohnte noch Käthes alte, kranke Mutter, die sich einige Monate nach der Festnahme ihrer Tochter aus dem vierten Stock stürzte.

Käthe Leichter war das ehemals gutbürgerliche Hotel Metropol aus ihrer Kindheit wohlbekannt. Dort hatten ihre Verwandten aus Rumänien bei allen Wien-Besuchen gewohnt. Eine Fügung des Schicksals hatte sie nun in das gleiche Haus gebracht, das man innerhalb kurzer Zeit von einem Aufenthaltsort sorgloser Reisender in eine grauenhafte Folterkammer für Tausende Juden oder Antifaschisten umgewandelt hatte. Nächste Stationen waren das Gefängnis auf der Roßauer Lände und schließlich das Landesgericht, wo sie für ihre Kinder die „Erinnerungen" auf Kanzleibogen niederschreiben durfte. Das Manuskript ist von ihrer Freundin Frieda Nödl, die in Zelle E 128 saß, gerettet und später am Dokumentationsarchiv des österreichischen Widerstandes in Wien reingeschrieben worden. 1973 wurde es in Wien veröffentlicht.

Jüdisches Elend in Wien

„Arme Christen und Hungerleider, jüdische Kapitalisten und Geldvergeuder" betitelte sich eine 1870 in Wien erschienene „Weckstimme für das katholische Volk". Diese Vorstellung, daß die Wiener Juden eine einheitliche Wirtschaftsgruppe bildeten, war zwar zugkräftig und hat später die unkontrollierten Vorurteile von Adolf Hitler entscheidend mitbestimmt. Sie traf für das Wiener Judentum aber kaum zu. Gerade hier gab es neben dem jüdischen Bankier und Großindustriellen, dem jüdischen Millionär, dem jüdischen Grundbesitzer, dem jüdischen Groß- und Kleinkaufmann und dem jüdischen Nichtstuer ebenso den jüdischen Gewerbetreibenden, den jüdischen Angestellten, den jüdischen Arbeiter, den jüdischen Arzt, den Advokaten, Beamten, Künstler, Literaten, Studenten, Soldaten, Invaliden, Arbeitslosen, die arbeitende jüdische Frau und vor allem das jüdische Elend.

Aus den Unterlagen des Friedhofamtes der Israelitischen Kultusgemeinde in Wien ist zu entnehmen, daß zwischen 1913 und 1918 rund 50 Prozent aller Leichenbegängnisse Gratisbeerdigungen waren. Das allein zeigt, daß die Hälfte der Wiener Juden in so kümmerlichen Verhältnissen lebte, daß bei einem Todesfall nicht einmal die bescheidenste Beerdigungsgebühr bezahlt werden konnte. Weitere 33 Prozent konnten sich nur ein Armenbegräbnis der IV. Klasse leisten. Diese über vier Fünftel der Juden in Wien, deren Schicksal von Gram und Elend gezeichnet war, sind die wirksamsten Gegenbilder zum „fetten Kriegsgewinnler", der damals auf den christlichsozialen Wahlplakaten das jüdische Volk zu vertreten hatte.

Die „Zentralstelle für jüdisches Armenwesen" in der Seitenstettengasse führte vier große Kataster, die alle weit über 20.000 Blätter gezählt haben. Nach einer Erhebung des „Sozialen Organisationsamtes des Jüdischen Nationalrates" bewohnten 82,5 Prozent der Wiener Juden Klein- und Kleinstwohnungen. Das zeigt besonders deutlich, daß innerhalb der Judenschaft die gleiche soziale Schichtung wie in der Gesamtbevölkerung geherrscht hat und wie sehr die ganze wirtschaftliche Begründung des Antisemitismus aus der Luft gegriffen war.

Nach der Volkszählung von 1910 wohnten von den 175.318 Wiener Juden 70.923 im II. und XX. Bezirk. Auch in diesen Bezirken lebten sie nur in bestimmten Häusern beisammen, zwischen denen ganz „judenreine" Wohnbauten die Gesinnungsfestigkeit ihrer Besitzer bezeugten. Von 222 bei einer Untersuchung im Jahr 1918 erfaßten jüdischen Wohnungen bestanden 91 aus Zimmer, Küche und Kabinett, 75 nur aus einem Zimmer und der Küche. Eine Zimmer-Kabinett-Küchenwohnung war durchschnittlich von 10 Personen bewohnt. Unerhört arg war auch der Mangel an Bett-

Verlassenes Judenhaus in der Leopoldstadt

stellen. Es bestand schon vor dem Ersten Weltkrieg in den Kleinwohnungen eine weit verbreitete Bettennot, so daß vielfach auch für Menschen, deren Trennung nach Alter oder Geschlecht erforderlich gewesen wäre, kein eigenes Bett vorhanden war.

Unter solchen Wohnverhältnissen war das Elend der Kinder besonders groß. Von 101 jüdischen Kostkindern, die in Privatpflege standen und von der Kultusgemeinde mit sogenannten „Erziehungsbeiträgen" bedacht wurden, hatten 92 ein Gewichtsmanko gegen das Normalgewicht. Bei neunjährigen Knaben fand sich ein durchschnittliches Fehlgewicht von 7 kg, bei elfjährigen Mädchen eines von 5,4 kg. Einen erschütternden Bericht darüber, wie viele Juden und ihre Kinder in Wien hausten, hat der „Abend" am 20. Dezember 1917 veröffentlicht:

Die „Wohnung" befindet sich in der Herminengasse, zwei Minuten vom Schottenring entfernt. Jedem der „leicht bemakelten" Börsenbesucher mit den schwer gefüllten Brieftaschen steht es frei, sich von den Tatsachen zu überzeugen.

Eine Kammer, die den hinteren Teil eines Gassenladens bildet und nur ein 50 Zentimeter schmales, auf einen dunklen Gang führendes Fenster besitzt, stellt die ganze Behausung der aus drei Personen bestehenden Familie dar. Diese Kammer — Loch wäre der richtigere Name — wird vom Inhaber des Ladens um 18 Kronen monatlich vermietet und ist 3 Meter lang und 2,4 Meter breit. Das heißt also, daß eine Frau und zwei Kinder (daß eines rachitisch ist, wird wohl niemand weiter wunder nehmen) auf einem Flächenraum von 7,2 Geviertmeter, wovon noch der Boden abzuziehen wäre, den das wenige Gerümpel einnimmt, wohnen, schlafen und kochen. Die Dunkelheit des Zimmers ist so groß, daß ein Öllämpchen, gemeinhin Nachtlicht genannt, der herrschenden Dunkelheit wegen den ganzen Tag brennen muß. Von den 1782 Stunden Sonnenschein, welche Wien jährlich genießen kann, fällt nicht ein Strahl in die als Heim für drei Menschen benutzte Dunkelkammer. Die Schäden an Gesundheit des Körpers und des Geistes, die ein lichtloses Leben wie dieses mit sich führt, kann man unmöglich vollauf ermessen.

Innerhalb von Wiens jüdischem Elend fehlte nichts von der Mannigfaltigkeit, die das nichtjüdische Elend aufweist. Ein besonders verrufenes Haus stand in der Kleinen Schiffgasse 23 an der Ecke zur Nickelgasse. Bruno Frei, der auf einen revolutionären Wandel bedachte Schilderer des jüdischen „Untergrunds" im alten Wien (siehe Literaturverzeichnis) berichtet von seinem erschütternden Besuch:

Der Vorfrühling lockt die Menschen in Scharen auf die Straße. Die lachenden Sonnenstrahlen täuschen Frohsinn auf die finsteren Bärte der

*Männer. Das Gekreische des lebhaften Getriebes löst sich auf in Kinderge-
heul, rohe Scheltworte und gedehntes Weibergeklapper. Man ist im Reich
des Jiddischen, fast alles scheint davon erfüllt zu sein. Aus den offenen
Fenstern des ersten Stockes lehnen in Erwartung von Frühgeschäften häß-
liche Weiber, deren klebrige Schminke und billiger Haarputz die Wider-
wärtigkeit der brutalen Anpreisung noch steigert. Der Eintritt eines
Fremden ins Haus, in dieses Haus, läßt das eine der Freudenmädchen
Kundschaft wittern. Man bekommt sie am finsteren Gang, in der schmutzigen Halbheit ihres Anzugs noch einmal zu sehen... Hinter einem der
Verschläge hört man tiefe Männerstimmen. Die Bretter geben auf den
leichten Druck nach. Man steht in einem Raum, der sich von den anderen,
eben verlassenen dadurch unterscheidet, daß auch eine Art Schrank in ihm
zu sehen ist, und ein Tisch den Gipfel der Behaglichkeit bezeugt. Auf einer
eisernen Bettstelle liegt angezogen ein grauhaariger Mann, mit Hut und
Kaftan angetan... Es ist der Herbergsvater. Eine schwere Hautkrankheit
zerfrißt sein Gesicht. Man sieht kluge und gutmütige Augen unter der
breiten Krempe des schwarzen Hutes hervorleuchten. Fransen eines weißen
Bartes verschlingen sich mit den Schläfenlocken. Seine Stimme ist heiser,
seine Sprache schmerzlich gedehnt, sie wird vernommen, als ob alte Klage-
lieder erklingen würden.*

Das Schlimmste müssen Wiens jüdische Nachtasyle gewesen sein. Das Mas-
senquartier in der Novaragasse 45 nannte sich vornehm Hotel garni. Die
Tafeln am Haustor kennzeichneten es als Fremdenherberge. Der Quartier-
eigentümer wohnte im Vorderhaus. Wie gut sein Geschäft war, kann man
an den Preisen ermessen: Das Quartier hatte sechs Säle zu 40 bis 44 Betten.
Es schliefen hier allnächtlich an die 250 Männer — Frauen waren ausgeschlossen. Für einen Strohsack wurden 80 Heller, nach der Torsperre
1 Krone eingefordert. Für Betten mußte das Doppelte bezahlt werden. Und
das ohne Bettwäsche. Die Männer lagen meist nackt, ohne Hemd, im
wochenlang nicht gereinigten Bett. Jeder Besucher erhielt ein absperrbares
Kästchen zu seiner Benützung. Am Ende der Säle sah man das sogenannte
„ewige Handtuch". Es war das ein großes, doppelt zusammengelegtes
Leinentuch, das über eine an der Decke befestigte Stange gedreht werden
konnte. Jeder Benützer schob es nach Gebrauch ein wenig weiter.
Zwei ähnliche Nachtasyle haben in Favoriten bestanden. In der Quellen-
straße schliefen jeweils an die hundert Juden in einem Keller bei fürchterlicher Stickluft und einem trüben Wachslicht. Hier „lebte" 1920 ein 75jäh-
riger Alter seit dem Bestehen des Hauses, das heißt seit 1886.
Beim „Herbsthofer" in der Favoritenstraße gab es zwei mächtige Schlafsäle
zu 93 Bettstellen, einen kleineren für 66 Schläfer und 5 Zimmer. Allnächtlich kamen hier 300 Menschen zusammen. Die feuchten Säle waren trotz

fürchterlicher Ausdünstung der Schläfer im Winter bitter kalt. Um 8 Uhr früh mußte alles geräumt sein. Die Kleider hingen auf eisernen Haken über den Betten, die in greulicher Enge aneinandergepickt waren. Eiserne Traversen stützten die Decke. Und dazu der Hunger. Hunger des Abends, Hunger in der Früh. Immer Hunger. In Sterbedokumenten aus dem Jahr 1919 finden sich der 40jährige Hofer, der aufs Klosett ging und dort an Entkräftung starb, der „Simon", der sich am Abend auf die Pritsche warf und frühmorgens tot war.

Bruno Frei schreibt in seinem Buch „Jüdisches Elend in Wien — Bilder und Daten":

Das Männerheim in der Wurlitzergasse war im Vergleich mit diesen Verhältnissen geradezu ein Palast. Dort herrschte aber eine andere Not, das geistige Elend der arbeitslosen Intellektuellen. Unter den 40 jüdischen Akademikern ohne Brot, die sich 1920 dort befanden, war das Schicksal eines 61jährigen Juden aus Prag charakteristisch. Er war von Beruf Lehrer, hatte 1885 maturiert, dann Medizin studiert, dieses Studium jedoch nach dem ersten Semester abgebrochen. Von 1887 an studierte er in Breslau und Berlin Philosophie und jüdische Theologie. Im Jahre 1892 wurde seine philosophische Dissertation von der Wiener Fakultät approbiert. Nach den Hungerjahren des Studierens mit einem armseligen Verdienst durch Stundengeben fraß jetzt die Brotarbeit dem Studium die Zeit fort: Die mündliche Prüfung wurde von Semester zu Semester hinausgeschoben. Der zum Verkrachen gebrachte Student war unrettbar auf eine Sandbank aufgelaufen. Er fährt nach London. Anfangs gibt er noch Privatunterricht, schreibt Manuskripte, liest Bücher. Dann aber hört auch das auf. Die englische Regierung schiebt ihn 1916 als lästigen Ausländer ab. Er wird über Schweden und Deutschland nach Wien gebracht. Er nährt keine Hoffnungen, willenloser Sklave seiner körperlichen Triebe, läßt er sich vom Hunger weiterjagen und vor dem kalten Regen verkriecht er sich in die graue Ecke seines trostlosen Obdachs. Der lupuskranke Herbergsvater weiß viel Gutes von ihm zu erzählen: Er sei gutmütig und ungemein vielwissend, er unterrichte die verwilderten Bewohner des Quartiers und setze sich mit seinen Büchern an schönen Tagen ans Ufer des Donaukanals, um seine blindgelesenen Augen an den verwischten Lettern der abgegriffenen Exemplare zu verderben.

Die ganze jüdische Leopoldstadt war von Not und Misere gekennzeichnet. Sie hat aber ebenso zu Wien gehört wie die Villa Wertheimstein in Döbling oder ein Theodor Herzl. Und mit ihrem Untergang im Holocaust erfüllte sich die tragische Vision, die Bruno Frei schon nach dem Ersten Weltkrieg niederschrieb und von der kein Platz für nostalgische Schtettl-Romantik gelassen wird:

Zwei Ostjuden im Kaftan mit einem Judenknaben
auf dem Mathilden(jetzt Gauß-)platz im 2. Bezirk
Aufnahme aus dem Jahr 1915

Die beiden Schiffgassen und ihre Umgebung verbreiten den Schauer des Schreckens unter alle Menschen, die sie kennen. Alle Plagen Ägyptens und die Gebreste der orientalischen Hafenbettler sind zu einer großartigen Daueraussstellung vereinigt. Dirnen kreischen, Juden feilschen, klagende Töne dringen aus den offenen Fenstern der zahllosen Bethäuser. Zankende stürzen, die Fäuste an der Gurgel, die Treppe eines Wirtshauseinganges herab. Eingesalzene Heringe, drei Volksküchen und die Schmutzkiste vom Karmelitermarkt bilden eine zweifelhafte Geruchseinheit. Im Gedränge des zerrissenen und schmutzigen Volkes erblickt man einzelne Lichtgestalten, ehrwürdige Köpfe, patriarchalische Denkerstirnen. Rings um das „Heim der orthodoxen Juden", ein Heim von fragwürdigem Wert, drängen sich Händler wie auf einem persischen Bazar. Jeder ein Paar alte Schuhe in der Hand oder eine gebrauchte Hose, flüsternde Angebote, entrüstete Rufe, alles im Tonfall des Ghettos.

Im Haus Schiffamtsgasse 2 genießen etwa 50 palästinensische Flüchtlings-familien, fast nur Frauen und Kinder in jämmerlicher Enge zusammenge-pfercht, schäbig unterstützt, gegen sündhaft hohe Bezahlung, in erschreckender Hilflosigkeit die Gastfreundschaft Wiens. Jüdische Flücht-linge aus Palästina! Gläubig zogen die Väter getrieben aus der Enge der Judengasse, vertrauend auf das Licht der Zukunft. Die Enkel kehren heim, gejagt vom Feind, der überall ist, sterbend vor Hunger, gemustert vom Tod, die Augen ohne Tränen, die Herzen starr, müdes Entsetzen auf den Zügen. Sie kehren heim auf dem uralten Weg über das Goldene Horn in die Hauptstadt des Reiches, aus dem Großvater gezogen.

Hier aber starrt die Mauer des verhetzten Hasses. Leopoldstadt, Juden, Flüchtlinge, Schädlinge, Palästina, Kriegsgewinnler, Schleichhändler, in der Seele der Massen notwendig verbundene Begriffe... Ein neues Licht wird fließen in das Dunkel des Ghettos, wenn alle die neue Erkenntnis fest und unerschütterlich besitzen werden. Die Erkenntnis der wahren Gegen-sätze. Nicht Jud und Christ, nicht Germanen und Slawen sind die wahren Feinde, nicht Konfessionen und Nationen befehden einander unverhetzt: Der jüdische und arische Kriegsgewinnler gegen den jüdischen und arischen Kriegsverlierer. Das ist die Front von heute. Die gerechte Front.

Wehe aber, wenn der ungerechte Streit ausgefochten wird! Denn eher soll die Menschheit aufhören zu existieren, bevor die Gerechtigkeit unter-geht...

Koschere Kostproben der Wiener Küche

Für die Juden, die es bis nach dem Ersten Weltkrieg in den Schmelztiegel Wien zog, war die Donaustadt nicht nur in geistiger und kultureller Hinsicht ein zweites Jerusalem: Auch in Hinblick auf kulinarische Genüsse galt die Wiener koschere Küche als die feinste von Europa. In der Metropole von Österreich-Ungarn, mit dem man sich als Jude wie mit keinem anderen Staat vor der Wiedergeburt von Erez Israel identifizieren konnte, wurde aus den beengten Möglichkeiten der Ghetto-Haushalte eine erlesene, geradezu raffinierte Kochkunst.

Aus der Not ihrer knappen Versorgung mit koscherem Fleisch machten Wiens jüdische Hausfrauen und Köche die Tugend herrlicher Gerichte aus mit Reis oder Mazzesmehl gestrecktem Faschierten und damit gefülltem Gemüse. Jeder würde die heute in Österreich allgemein als Hausmannskost beliebten „Krautwickler" für ein typisch alpenländisches Gericht halten. Bedenken kommen erst, wenn man ihnen im früher von vielen aschkenasischen Juden bewohnten Kairo oder Alexandria als „Krunb mahschi" begegnet. Und ihren Ursprung haben sie überhaupt im „Gewikelte Kraut" der Juden Wiens und Galiziens. Ebenfalls aus Wien traten die „Gefillten Paprikas" ihren Siegeszug in die internationale Küche an.

Auch eine Spezialität wie den „Apfelstrudel" hat die Wienerstadt ihren Juden zu verdanken. Sie waren die ersten, die den Freitag zum „Strudeltag" machten. Die Strudel sind eine Erfindung für den Sabbat, an dem im jüdischen Haus nicht gekocht wird. Jeder Strudelfreund weiß, daß der am Tag nach seiner Zubereitung um so besser schmeckt. So waren die jüdischen Wienerinnen schon am Freitag mit dem Morgengrauen an der Arbeit, um den Strudelteig zu ziehen und mit Äpfeln, Kirschen, Zwetschken oder Käse zu füllen. Ähnliches gilt für den „Mirber Tajg" (Mürbteig), der besonders gern mit Pflaumen gefüllt wurde — und nach Wiener Rezept noch heute von Juden in aller Welt gefüllt wird. Dasselbe ist mit den „Schnitzels", diversen Salaten, Nuß- und Vanillekipferln der Fall. Auch die jüdische Backkunst hat aus Wien eine ihrer beliebtesten Brottypen bekommen, das „Bagel" oder „Bejgel", ein Mittelding zwischen Semmel und Kipferl. Das erste Bejgel soll 1683 zu Ehren des Polenkönigs und Türkensiegers Jan Sobieski unterm Kahlenberg gebacken worden sein. Die Polen brachten die Brotart zu den galizischen Juden. Diese kamen mit ihren Bejgeln wieder nach Wien, als Galizien 1775 österreichisch geworden war.

In jedem jüdischen Kochbuch stehen daher Speisen und Backwerk aus Wien an führender Stelle. An Ort und Stelle jedoch ist nur wenig von dieser kulinarischen Tradition lebendig. Nach dem Zweiten Weltkrieg hatte es

S c h a b a t h SPEISENKARTE S c h a b a t h !

Menü S Abend !	**Menü S** Mittag !
Wein --- Barches Fisch	Zwiebelei --Leberpastette-Barches
Hühnersuppe m. Nudel o.Ferverl	Fleisch nach wahl-kalt-o.warm
Fleisch nach wahl-- Kuchen	1Getränk und Kompott

Suppen	Schilling	*Fleischspeisen*	Schilling
Fleischsuppe m.Nudel		Rindfleisch gek. warm	
Scholetsuppe		Rindsbraten warm	
		Scholetfleisch warm	
		Kalbsbraten kalt	
Vorspeisen		Brathuhn kalt	
gesulzter Karpfen		Huhn gek. warm	
gefüllte Fische			
		Scholet warm	
		Kartoffelkugel warm	
Gemüse und Beilagen			
ged. Karotten--Ferverl			
Reis-- Kartoffel		*Mehlspeisen*	
Salate			
Gemischter -Salat			
Kren--Salzgurke			
Grüner--Salat			
Getränke		*Kompotte*	
Bier--Mineral--Limonade		Apfel--- Pflaumen	
Apfelsaft			

Speisekarte mit jüdischen Spezialitäten

noch eine Art Renaissance der jüdischen Küche gegeben, als in der Weihburggasse Karl Farkas im ersten Stock auftrat, während „zu ebener Erd" Küchenchef Vorhand seine Blintzes, Kugeln, Kreplach, Plätschen und Fingerhüte präparierte. Heute kann man nur mehr in der Seitenstettengasse und am Bauernmarkt der Inneren Stadt oder jenseits vom Donaukanal in der Hollandstraße wienerisch und koscher zugleich essen. Dazu kommen ein Wiener Großhotel und ein paar Pensionen am Semmering. Wiens jüdische Küche hat vor allem Versorgungsprobleme, seit die starken Gemeinden des Burgenlandes durch die Nationalsozialisten ausgerottet wurden. Von ihnen hatten Wiens jüdische Feinschmecker ihre Ganserln und Halseles, Leberpasteten, Grammeln und Karpfen für die berühmten „Gefillten Fisch" bezogen.

Auch das Zusammenschrumpfen des jüdischen Wien auf kaum 2500 Familien beschränkt die Zahl und das Angebot der Lokale. Der Wien-Tourismus aus Israel und der jüdischen Diaspora hat ebenfalls unter der Konkurrenz des billigeren Budapest gelitten. Bleibt nur zu hoffen, daß die Aktivitäten des „Jewish Welcome Service" für die jüdischen Gäste und Besucher Wiens am Stephansplatz auch der koscheren Wiener Küche ihren Fortbestand sichern und ihr neue Freunde gewinnen können.

Wien im jüdischen Witz

Zwei arme Juden gehen den Donaukanal entlang. Sie haben seit Tagen nichts mehr gegessen. Verzweifelt suchen sie nach einer Gelegenheit, zu einem Bissen, zu etwas Geld oder zu beidem zu kommen.

Plötzlich bleibt der eine stehen, packt seinen Gefährten am Rock und ruft: „Schau, wir sind gerettet!"

„Wieso?"

„Lies, was dort auf der Tafel steht!"

„Aber du weißt doch, daß ich nicht lesen kann."

„Da steht also: Zehn Kronen Belohnung für den, der einen Ertrinkenden rettet. Du springst hinein, ich kassiere die Prämie, und die teilen wir uns."

Schon ist sein Kumpan im Donaukanal verschwunden. Noch einmal taucht er auf:

„Hilfe! Hiiiiilfe! Ich ertrinke!"

„Was heißt da Hiiiilfe geschrieen. Ich hab inzwischen den Anschlag weiter gelesen."

„Was? Hiiiilfe, schnell!"

„Was kann ich dafür, daß du nicht lesen kannst: Zwanzig Kronen Belohnung für die Bergung einer Wasserleiche!"

Kaiser Franz Joseph hat vom Juden Polack Geld geliehen und kann nicht zurückzahlen. Er macht Polack zum Baron und erhält dafür die Schuld nachgelassen. Die frischgebackene Baronin Polack gibt zu Ehren des Hofbeamten, der den Adelsbrief überreicht, einen großen Empfang. Bei diesem werden jenem die vier Söhne und drei Töchter der Familie vorgestellt:

„Durchlaucht, dürfen wir Ihnen vorstellen: Jakob — von Polack; Siegfried — von Polack; Josef — von Polack; Moische — von Polack!" — „Sehr angenehm", näselt der echt blaublütige, doch etwas degenerierte Kammerherr. „Darf ich mir die Frage erlauben, von wem die Fräulein Töchter, pardon, die Baronessen sind?"

Blumenthal hat gegen Kommission den Verkauf einer Mühle bei Mödling übernommen. Als ihn sein Freund Kohn aus Kattowitz besucht, will er diesem die nur von einem kleinen Bach betriebene Mühle andrehen:

„Schau, Kohn, das ist ein herrliches Geschäft: Ein kleiner Kanal von der Donau, und du bekommst unermeßliche Wasserkraft für einen großzügigen Ausbau des Betriebes. Das Getreide läßt du dir ebenfalls auf der Donau heranbringen. Kaum sind die Frachter entladen, füllst du sie mit dem Mehl deiner Mühle. Ist das eine Mezzie?"

Kohn bleibt skeptisch:

„Ich hab so viel von Donau-Überschwemmungen gehört. Was soll dann aus mir und meiner Mühle werden?"

Blumenthal beeilt sich, das Argument zu entkräften:

„Aber Kohn, zwischen Mödling und der Donau liegen doch fast 20 Kilometer!"

Wien, mit jüdischen Augen gesehen

Friedrich Torberg
Mein Leben lang in Wien zu Hause
(Aus einem Brief an Hans Weigel vom 12. Mai 1946)

... sondern ich halte den Antisemitismus für einen integralen Zug des österreichischen Wesens. Er gehört so natürlich zu Österreich wie — nun eben: wie die Juden. Und wer der Meinung war, daß der Antisemitismus mit Hitler aussterben würde, muß offenbar der Meinung gewesen sein, daß Hitler den Antisemitismus erfunden hat. (Ich sage es den eingangs erwähnten Gesinnungs-Socken immer wieder, daß sie, wenn eine antisemitische Rede Kunschaks ihnen die Rückkehr unmöglich erscheinen läßt, doch eigentlich schon unter Lueger hätten auswandern müssen, und womöglich nicht nach Amerika, wo wieder die Senatoren Nye und Bilbo antisemitische Reden halten; wie man ja überhaupt mit der Begründung, daß die Juden sich dort allgemeiner Beliebtheit erfreuen, nur in die Stratosphäre auswandern könnte.)
Aber gerade weil Hitler den Antisemitismus nicht erfunden hat, soll man sich nicht zuviel auf ihn berufen, auch im Negativen nicht. „Daß ich kein Österreicher bin, hat Hitler behauptet — wenn ich, nachdem Hitler ausgespielt hat, weiterhin behaupte, daß ich kein Österreicher bin, gebe ich ihm recht": diese Ihre Feststellung scheint mir im Grunde kaum weniger riskant als die vorhin erwähnte vom nicht vorhandenen Antisemitismus. Ich finde, daß uns der Hitler da gar nichts dreinzureden hat. Ich finde, daß „österreichisch" — zum glückseligen Unterschied von „deutsch" — ein übernationaler Begriff ist, und ich stütze mich darauf auf meine eigene, ziemlich unerbittliche Lebenserfahrung.
Daß ich als Jude (nicht obwohl Jude — als) mich mein Leben lang in Wien zu Hause fühlen konnte, ist mir Beweis genug für die Natürlichkeit dieser Symbiose — aber es gibt noch hundert andre und objektivere Beweise, nicht nur für ihre Natürlichkeit, sondern schlechthin für ihre Notwendigkeit, ja ihre Dringlichkeit.
Ich glaube in der Tat, daß die Juden eher auf Österreich verzichten können als Österreich auf die Juden. Wenn ich für meine Person „als Jude" zurückkommen will, weil ich „jüdisch" für keinen Gegensatz von „österreichisch" halte, sondern für einen Bestandteil, so ist das schließlich meine Privatsache — genauso wie es Ihre Privatsache ist, wenn Sie da einen Gegensatz spüren. Wenn aber, zum Unterschied von dieser unsrer individuellen Einstellung, die kollektive Einstellung Österreichs etwa dahin ginge, die zur Rückkehr bereiten Juden ausdrücklich nur als Österreicher

zu akzeptieren, so wäre das meiner Meinung nach sehr verhängnisvoll. *(Genau das tut zum Beispiel die Tschechoslowakei; es wird sich ihr „Böhmeln erwünscht" nicht auszahlen).*

Josef Hans Speer
Wiedersehen mit Wien
(Israelischer Schriftsteller, geb. 1920 in Wien)

In meiner Geschichte „Die Reise" behandle ich die Sehnsucht eines alten Wieners, der in Israel lebt, nach seiner Geburtsstadt. Die Landkarte studierend, bereitet er sich nach einer Abwesenheit von vielen Jahrzehnten auf eine Reise nach Wien vor. Dabei bekommt er vor Erregung einen Herzinfarkt. Im Traum befindet er sich bereits in Wien und sucht die Stätten auf, in denen er seine Kindheit verbracht hat. Der Traum endet mit der Suche nach dem Grab seines Vaters am Zentralfriedhof, das er schließlich findet. Da erwacht er plötzlich. Aus der geplanten Reise nach Wien wird natürlich nichts, denn er muß erst von seiner schweren Krankheit genesen. ... Als wir in Schwechat landeten, war ich riesig aufgeregt. Ich hatte Tränen in den Augen. Ich freute mich, Wien wiederzusehen. Irgendwie wurde alles Negative und Schlechte, das ich und meine Mitbrüder in dieser Stadt erlebt haben, in den Hintergrund gedrängt. Alles geriet in Vergessenheit. Es blieben nur die Eindrücke, wie ich wieder durch die Straßen Wiens ging und mein Geburtshaus und die Spielplätze meiner Kindertage besuchte. Am meisten beeindruckte mich der Besuch im Haus, in dem ich seit meiner Geburt bis zum Verlassen Wiens gewohnt hatte, in der Mittelgasse, gegenüber dem Raimundtheater. Ich besuchte wieder das Wiener Theater, den Prater und machte nach 42 Jahren Abwesenheit eine Rundreise durch Wien. Es war sehr schön. Vielleicht fühlte ich so, weil ich Wien vor dem Anschluß, vor der Nazizeit verlassen hatte und nicht all die schrecklichen Ereignisse persönlich an Ort und Stelle gesehen und miterlebt hatte. Vielleicht hätte ich mich, wenn ich damals in Wien gewesen wäre, bei meinem ersten Besuch im Jahre 1978 anders gefühlt. Anders kann ich mir ein solches Wiedersehen mit Wien nicht erklären...

Max Berger
Heimstatt in Wien
(Aus dem Vorwort zu „Judaica")

Am Ende möchte ich noch ein Wort sagen über die Stadt, in der es mir vergönnt war, meine Sammlung aufzubauen. Eine Stadt ist wie ein Mensch, etwas allmählich, unter vielerlei Einflüssen Gewordenes. Wien ist eine Stadt mit intensiver Atmosphäre im geistigen und im ästhetischen Sinne zugleich.

Wien war auch mehrmals ein bedeutendes Zentrum des Judentums, wo verschiedene Riten und Gebräuche aufeinandertrafen. Hier gab es Orthodoxe und Neologen, eine aschkenasische (deutsche) und eine sefardische (spanische beziehungsweise türkische) Gemeinde; von hier aus ging Theodor Herzl seinen Weg.

Ich glaube, daß man nur sammeln kann, wenn man nicht allein Liebe zum Gegenstand, sondern auch eine innige Beziehung und Verbundenheit zu der Stadt hat, in der man lebt. Stefan Zweig sagte über das Wien von gestern: „Es war wundervoll, hier zu leben, in dieser Stadt, die gastfrei alles Fremde aufnahm und gern sich gab." Wien ist es noch heute, zumindest für mich und manche andere. Viele Gegenstände meiner Sammlung sind in dieser Stadt entstanden. Vieles andere, das ich erwerben konnte, stammt aus der österreichisch-ungarischen Monarchie — alles Dinge, die, zum Teil noch aus dem Spätmittelalter stammen, mit dem Judentum zusammenhängen. Es sind nicht nur Kultgegenstände, hinzu kamen Graphiken, Gemälde und Plastiken, Medaillen und Münzen, Handschriften sowie kunstgewerbliche Arbeiten von jüdischen Meistern.

Das alles hat, wie seinerzeit viele Menschen, seine Heimstatt in Wien gefunden. Ich habe mich immer nach der Welt meiner Kindheit gesehnt. Trotzdem könnte ich an keinem anderen Ort der Erde so intensiv leben wie in dieser Stadt. Das ist der Gegensatz, wenn wir in der Wirklichkeit Wirkliches und in der Seele Mystisches erleben. Das sind die beiden Pole, zwischen denen es nicht immer eine Entscheidung gibt.

Chanukka 1983 in Wien

Anhang

Stätten des jüdischen Wien

1. Stephansplatz 10: Jewish Welcome Service
2. Seitenstettengasse 4: Stadttempel-Synagoge
3. Seitenstettengasse 2: Jüdisches Gemeindezentrum
4. Judengasse: Straßenname
5. Wipplingerstraße 8 (Altes Rathaus): Dokumentationsarchiv des österreichischen Widerstandes (mit ständiger Ausstellung)
6. Judenplatz 8: Misrachi-Synagoge
7. Salztorgasse 6: Dokumentationszentrum Dipl.-Ing. Simon Wiesenthal
8. Fleischmarkt 1: Machsike-Haddas-Mikwa (Bad)
9. Grünangergasse 1: Agudas-Jisroel-Synagoge
10. Riemergasse 9: Agudas-Jeschurun-Synagoge
11. Rathausplatz: Sonnenfels-Denkmal von Hans Gasser
12. Schottenring 35: Judaica-Sammlung Max Berger (tel. Voranmeldung 34 53 02)
13. Tempelgasse 3: Agudas-Jisroel-Synagoge und Mikwa (Bad)
14. Tempelgasse 7: Sefardisches Bethaus
15. Schiffgasse 8: Bet-hamidrasch-Thora-etz-Chayim-Synagoge
16. Berggasse 19: Sigmund-Freud-Museum
17. Ferstelgasse 6: Institut für Judaistik der Universität Wien
18. Seegasse 9 (Roßau): Alter jüdischer Friedhof
19. Glasergasse 7: Schomre-Haddas-Synagoge
20. Jüdischer Friedhof zwischen Währinger Remise und Döblinger Hauptstraße (Zugang von der Stadtbahnstation Nußdorfer Straße); Grabmal für Theodor Herzl
21. Bauernfeldgasse 4: Haus der Israelitischen Kultusgemeinde; in der Aula erhalten gebliebene Bestände des ehemaligen Wiener Jüdischen Museums
22. Döblinger Hauptstraße 96: Villa Wertheimstein, Döblinger Heimatmuseum
23. Simmeringer Hauptstraße: Zentralfriedhof 4. Tor, Israelitische Abteilung

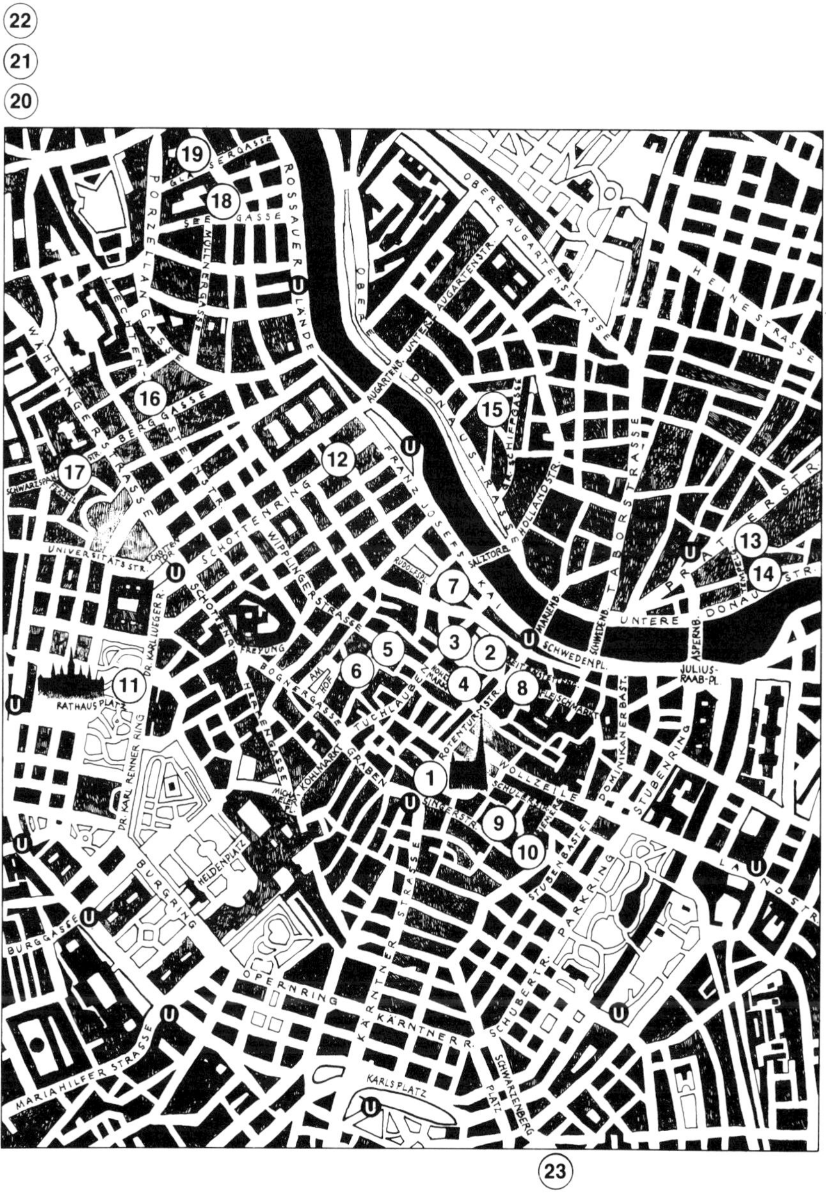

Bibliographie

Berger Max/ *Häusler* Wolfgang/ *Lessing* Erich, Judaica — Die Sammlung Berger: Kult und Kultur des europäischen Judentums (Wien 1979)

Bettauer Hugo — Die Stadt ohne Juden (Wien 1929)

Das Jüdische Echo — Zeitschrift für Kultur und Politik, herausgegeben von den Jüdischen Akademikern Österreichs und der Vereinigung Jüdischer Hochschüler in Österreich, XXV (1976) bis XXXII (1983), Wien

Die Tätigkeit der Israelitischen Kultusgemeinde Wien in den Jahren 1960 bis 1964 (Wien 1964)

Drabek Anna / *Häusler* Wolfgang / *Schubert* Kurt / *Stuhlpfarrer* Karl / *Vielmetti* Nikolaus, Das österr. Judentum — Voraussetzungen und Geschichte (Wien 1974)

Dubnow Simon, Geschichte des Chassidismus I—II (Berlin 1931)

Eidelberg Shlomo, Jewish Life in Austria in the XVth Century (Philadelphia 1962)

Encyclopaedia Judaica, Berlin 1928—1934 (I—X)

Ewart Felicie, Zwei Frauen-Bildnisse zur Erinnerung an Wien (Wien 1907)

Frei Bruno, Jüdisches Elend in Wien (Wien 1920)

Geiger Raymond, Nouvelles Histoires Juives (Paris 1925)

Gold Hugo, Geschichte der Juden in Wien (Tel Aviv 1966)

Hundertfünfzig Jahre Wiener Stadttempel (Wien 1963)

Krauss Samuel, Die Wiener Geserah vom Jahre 1421 (Wien 1920)

Lohrmann Klaus (Hg.), 1000 Jahre österreichisches Judentum, Studia Judaica Austriaca IX (Eisenstadt 1982)

Markus Georg, Karl Farkas, Schau'n Sie sich das an — Ein Leben für die Heiterkeit (Wien 1983)

Otten Karl (Hg.), Prosa jüdischer Dichter (Stuttgart 1959)

Prosch Robert Maria, Edmund Eysler (Wien 1947)

Rose Evelyn, The Complete International Jewish Cookbook (London 1978)

Rosenkranz Herbert, Verfolgung und Selbstbehauptung — Die Juden in Österreich 1938—1945 (Wien 1978)

Sella Gad Hugo, Die Juden Tirols — Ihr Leben und Schicksal (Tel Aviv 1979)

Siegert Heinz, Hausbuch der österreichischen Geschichte (Wien 1976)

Tietze Hans, Die Juden Wiens; Geschichte — Wirtschaft — Kultur (Wien 1933)

Urkunden aus Wiener Grundbüchern zur Geschichte der Wiener Juden im Mittelalter (Quellen und Forschungen X), (Wien 1931)

Urkunden und Akten zur Geschichte der Juden in Wien I—II (Quellen und Forschungen VIII), (Wien 1918)

Wachstein Bernhard/ *Taglicht* I./ *Kristianpoller* Alexander, Die hebräische Publizistik in Wien (Quellen und Forschungen IX), (Wien 1930)

Weinzierl Erika, Zu wenig Gerechte — Österreicher und Judenverfolgung 1938—1945 (Graz 1969)

Zohn Harry, Österreichische Juden in der Literatur (Tel Aviv 1969)

Quellen und Forschungen = Quellen und Forschungen zur Geschichte der Juden in Deutsch-Österreich, hg. von der Historischen Kommission der Israelitischen Kultusgemeinde in Wien I—XI (Wien 1908—1935)

Jüdisches im Wiener Dialekt

Die starke Zuwanderung jüdischer Bevölkerung nach Wien am Ende des 19. und zu Beginn des 20. Jahrhunderts hat es mit sich gebracht, daß hebräisches und jiddisches Sprachgut im Wiener Dialekt in ungewöhnlichem Ausmaß Aufnahme gefunden hat. Manches ist auch auf dem Umweg über das Rotwelsch integriert worden. Andererseits hat der Holocaust des Dritten Reiches auch in sprachlicher Hinsicht seine Spuren hinterlassen und das Jüdische im Wiener Dialekt wieder zurückgedrängt. Die folgende Zusammenstellung kann daher nicht mehr sein als ein Hinweis und beschränkt sich auf Ausdrücke, die auch im Wien der Gegenwart weithin geläufig sind.

Beisl	kleines Lokal	jidd. bajes (Haus)
betakeln	betrügen	jidd. takel (Nachschlüssel)
deigezen	herumreden	jidd. dejges (Sorgen)
Ezes	Ratschläge	jidd. eze (Rat)
Haberer	Freund, Gefährte	hebr. chawrer (Gefährte, Jünger)
Hackn	Arbeit	jidd. hogun (ehrbare Beschäftigung)
Kieberer	Polizist	hebr. kewjus (Sicherheit)
koscher, nicht ganz	anrüchig	hebr. koscher (rituell rein)
Lozelach	Witze	jidd. lozelach (Anekdoten)
Masen, Masel	Glück	hebr. masol (Glücksstern)
Mezzie	günstiges Geschäft	jidd. meziah (Fund)
mies	schlecht	jidd. mius (Ekel)
Mischpoche	Sippe, familiärer Anhang (abschätzig)	jidd. mischpoche (Familie)
Nebbich	Dummkopf, Niemand	jidd. nebbich (nun wenn schon)
Pofel	Schund, „plebs"	hebr. bafel (minderwertige Ware)
Ponem	Gesicht	hebr. ponem (Antlitz)
Rebbach, Rewach	Gewinn, Verdienst	hebr. reiwach (Zins)
Sandler	arbeitsscheuer Vagabund	hebr. zandik (Parasit, Tagedieb)
Saures (gib ihm)	Schwierigkeiten (machen)	jidd. zores (siehe unten)
Schabes	Samstag	jidd. schabbes (Sabbath)
Schmattes	Geld(schein), Schmiergeld	jidd. smartut (Fetzen)
Schmonzes	Unsinn, Nichtigkeit	jidd. schmonzes (Kleinigkeiten)
schmusen	zärtlich sein, flirten	jidd. schmusen (reden)
Schnorrer	Fechtbruder	jidd. schnorrer, schnorren
schofel	gemein, schäbig	hebr. schafal, jidd. schofol (niedrig)
Tacheles	Tatsachen	jidd. tacheles (Realien)
Zores	Sorgen	jidd. zores (Schwierigkeiten)

Bildnachweis

Sammlung Max *Berger,* Wien, S. 71
Bildarchiv der Österreichischen Nationalbibliothek, Wien,
 S. 15, 23, 33, 41, 43, 47, 69, 73, 77, 86, 95, 103
Margit *Dobronyi,* Pressereporterin, Wien, S. 113
Dokumentationsarchiv des österreichischen Widerstandes, Wien,
 S. 54, 57, 58, 61
Atelier *Grieder-Bednarik,* S. 115
Heinz *Gstrein,* S. 13, 21, 65, 85, 99, 106
Historisches Museum (Museen der Stadt Wien) S. 35, 91
Privatarchiv Norbert *Lopper,* Wien, S. 83
Presse Foto *Pötsch,* Wien, S. 25
Wiener *Stadt- und Landesarchiv* S. 31
Wiener *Stadt- und Landesbibliothek* S. 46, 49

Personenregister

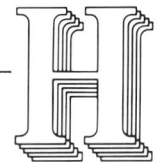

Herbert Rosenkranz

Verfolgung und Selbstbehauptung

Die Juden in Österreich 1938–1945
400 Seiten, Pappband

Das Buch gibt in übersichtlicher Gliederung Aufschluß über alle Aspekte des Schicksals der Juden in Österreich zu dieser Zeit, insbesondere auch über die jüdischen Reaktionen auf den NS-Terror, die im Rahmen des Möglichen organisierte Selbsthilfe und die jüdische Selbstbehauptung. Es ist der erste umfassende Versuch einer wissenschaftlichen Darstellung des Schicksals der Juden Wiens zwischen 1938 und 1945.

HEROLD VERLAG WIEN · MÜNCHEN

Rubina Möhring

Türkisches Wien

Reihe „Wien international"
96 Seiten mit 29 Schwarzweißabbildungen, Pappband

Türkisches Wien: Wunsch der Türken, Angst der Wiener. Auf diese Kurzformel läßt sich bringen, was Rubina Möhring bei ihrer Analyse der Beziehung zwischen Wien und den Türken herausgefunden hat. Ihr Buch will einen Beitrag zur Verständigung leisten. Viele Denkmäler und Inschriften, aber auch Redensarten und Bräuche in Wien gehen noch heute auf die Zeit der beiden Türkenbelagerungen von 1529 und 1683 zurück. Was aber hat die Türken angetrieben, gerade diese Stadt zu belagern? Rubina Möhring zeigt auf, daß die Türken in Wien ein zweites Byzanz sahen, das so wie dieses zu Fall gebracht werden sollte. Der Vergleich der beiden Städte macht einen besonderen Reiz des Buches aus.

HEROLD VERLAG WIEN · MÜNCHEN

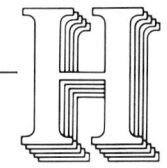

Jakub Forst-Battaglia

Polnisches Wien

Reihe „Wien international"
128 Seiten mit 36 Schwarzweißabbildungen, Pappband

Im Jahre 1683 waren polnische Truppen unter der Führung von König Jan Sobieski maßgeblich am Entsatz Wiens aus der Türkengefahr beteiligt. Die Beziehungen der Polen zu Wien reichen aber weiter in die Vergangenheit zurück, und anderseits sind sie gerade im 19. und 20. Jahrhundert ungemein intensiv und lebendig geworden. Im Wiener Kriegsarchiv liegen etwa die Personalakte des k. u. k. Rechnungsunteroffiziers 1. Klasse Karl Wojtyla, des Vaters von Papst Johannes Paul II. Aber auch in Politik, Wissenschaft und Kunst waren die Beziehungen eng. Unterstützt von zahlreichen Illustrationen eröffnet Jakub Forst-Battaglia dem Leser einen faszinierenden Einblick in ein wenig bekanntes Kapitel der Geschichte.

HEROLD VERLAG WIEN · MÜNCHEN